Les mille et une nuits d'un libertin

Erotique de l'échangisme

Pierre LECHAT

POUR CONTACTER L'AUTEUR : pierre.lechat.auteur@gmail.com

ISBN: 978-2-9557047-1-4
EAN-13: 9782955704714

A mon épouse,
A ma maîtresse,
A la mère de mes enfants,
A la femme de ma vie,
Elles ne font qu'une. T, PM.

A toutes celles qui m'ont fait l'insigne faveur du don de leur corps, et parfois d'un petit peu plus,
les consœurs et les autres,

A Brigitte R., qui m'a encouragé dans ce projet,

A Valérie M., pour le même motif,

A mes ami(e)s, qu'ils soient ou non au courant, avec mentions spéciales au confrère Emmanuel A. et à Anna K., avec qui nous avons, elle et moi, tout fait sauf le sexe,

A Pierre C., Connétable des Lettres dans un monde qui n'en veut plus,

A Zorro, pour son tact et son éclectisme (culinaire, musical, photographique, artistique, corsetique, etc.),

Aux confrères aussi, car sans eux, rien de tout cela ou presque ne serait possible,

Décemment, je ne puis faire figurer mes enfants parmi les dédicataires de cet opuscule, mais le cœur y est. Je leur souhaite le bonheur, dans ce domaine comme dans tous les autres,

A tous ceux qui viendront,

TABLE DES MATIÈRES

Avant-propos

Pourquoi ce modeste opuscule, n-ième ouvrage sur le sexe dans une société qui en est saturée ?

Il ne s'agit pas d'une justification ni d'une défense et illustration, pas davantage d'un ouvrage pseudo-médico-sexo-psycho-sociologico-ceci-cela. Il s'agit d'un simple témoignage, loin des reportages racoleurs et parfois bidonnés de la télévision, qui pourra donner un éclairage à celles et ceux que cela peut intéresser, même à titre de simple curiosité, qu'ils soient ou non eux-mêmes tentés par l'aventure, cela sans jamais verser dans le sensationnalisme.

Ce n'est pas davantage un acte militant. Rien ne m'est plus étranger que le militantisme, ce quelle que soit la cause défendue –politique, religieuse, sociale, sociétale. Le libertinage est certes une sexualité non conventionnelle, mais pour ma part en tout cas, elle ne sort pas de la sphère privée et tant qu'aucune puissance étatique ou autre ne viendra restreindre ma liberté de la pratiquer avec d'autres adultes pleinement consentants, je n'aurai strictement rien à revendiquer, pas même le droit à la transgression puisque je ne transgresse rien de mon point de vue. Il n'y a pas non plus de recherche d'une quelconque provocation, j'ai passé l'âge ; je reste toujours très discret sur cet aspect de ma vie et choquer le bourgeois ne m'intéresse pas.

Mettons-nous donc bien d'accord, il ne s'agit pas d'une incitation à la débauche et encore moins d'une campagne de recrutement : même s'il n'y a là-dedans ni excès ni dérèglement, je comprends parfaitement que le fait d'avoir des relations sexuelles avec un ou plusieurs inconnus en même temps puisse générer l'incompréhension voire être choquant pour beaucoup de gens, ou tout simplement être inenvisageable pour eux, sans que cela ne justifie quelque dédain que ce soit envers eux. Et pire encore d'accepter voire apprécier que son conjoint fasse de même. Je ne suis donc pas un prosélyte de la partouze. C'est une sexualité épanouissante pour ceux qui la pratiquent, mais indéniablement hors normes et de ce fait, elle ne convient pas à tout le monde. Certains et certaines ne pourraient pas l'assumer et disons le tout de suite, il s'agit de la grande majorité de nos concitoyens, ce qui ne les empêche pas d'être heureux. Mais pour celles et ceux à qui elle convient, dont je fais partie, c'est plus qu'un type de sexualité, c'est un mode de vie et des plus équilibrants.

Voilà ce que je vais tenter de restituer dans les pages qui suivent.

Pour ceux qui chercheraient des révélations nominatives, désolé, mais la discrétion est de mise. Même si les personnages mis en scène et les situations décrites sont tous authentiques, un brouillage systématique prévaut, touchant le prénom, le lieu ou n'importe quel autre détail, qui rend recoupements et identifications impossibles.

Introduction

Difficile de trouver un titre.

Echangiste ? Trop réducteur : au sens strict, se dit de couples dont les membres s'échangent leurs partenaires respectifs. La parfaite symétrie - presque « comptable » - c'est là que l'aspect « adultère contrôlé » souvent évoqué est le moins contestable, le degré zéro en somme, petit-bourgeois de la chose, même s'il nous est arrivé de passer des moments inoubliables avec un autre couple. En fait, l'asymétrie est la règle qui donne l'essentiel du piment et de fait, j'apprécie comme mon épouse les combinaisons plus variées ; ce que le terme d'échangisme ne rend qu'imparfaitement.

Je passe sur le mélangisme et le côte-à-côtisme[1] dont la raison d'être m'échappe. Je me suis toujours méfié des machins en « -isme », dans ce domaine comme dans tous les autres.

Partouzard ? Trop brutal, trop péjoratif et ne rend pas compte de l'aspect cérébral de la chose. Il faut un décor, une atmosphère, des circonstances ou même des scénarios qui font tout le sel de la chose, car s'il ne s'agissait que de bites pistonnant mécaniquement des orifices, tout cela serait bien morne et sans grand intérêt.

---

[1] *Le mélangisme consisterait à limiter l'échange hors couple à des caresses sans pénétration ; le côte-à-côtisme à faire l'amour côte à côte sans se toucher entre couples.*

Adepte de la sexualité de groupe, même si l'expression a quelque chose de froid et qu'à trois, on n'est pas encore vraiment un groupe ? En plus, c'est un peu long comme périphrase…

Libertin ? Il y a un côté XVIIIe siècle, ce qui est plaisant, mais aussi un sous-entendu de revendications politico-sociétales qui ne m'intéressent guère, quelque chose de bobo, de faux rebelle qui conteste tout sauf l'essentiel, d'hédoniste par obligation, panurgisme ou servilité à l'égard de la mode du moment voire du consumérisme, alors qu'il s'agit ici avant tout d'indépendance d'esprit et de perpétuer une tradition plusieurs fois millénaire de notre civilisation. Mais bon… Va pour libertin !

Ecce homo

Pour ceux qui ont fait du latin ou qui sont allé au catéchisme et les autres aussi d'ailleurs, ça veut dire « Voici l'homme », n'allez surtout pas vous faire des idées !... Je suis quelque part dans la quarantaine, marié, père de trois enfants. Mon épouse partage bien évidemment cet aspect essentiel de mon mode de vie, sans quoi ce serait invivable. L'une des premières choses à valider avant de s'engager dans une relation sérieuse est l'entente sexuelle, faute de quoi, c'est le décalage, la divergence des trajectoires et l'échec du couple à coup sûr. En découlent alors l'adultère en cachette, le poison de la trahison et de l'humiliation quand il vient à être découvert, les bassesses de l'espionnage du téléphone portable, le terrible acide de la jalousie, avec son sinistre cortège de blessures, de rancunes et de dégâts considérables y compris et surtout sur des tiers qui n'ont rien demandé : les enfants. Pas de cela entre elle et moi. Notre mode de fonctionnement, pour déroutant qu'il puisse paraître y compris au sein de la Confrérie, est parfaitement sain et clair, car il est basé sur l'amour, le respect mutuel, une estime réciproque pouvant aller jusqu'à l'admiration, l'écoute attentive, l'honnêteté, le plaisir et l'épanouissement. Même avec plusieurs centaines de partenaires l'un et l'autre à notre actif, l'adultère entre nous n'existe pas, il est même techniquement impossible. C'est ainsi que nous avons sereinement choisi de vieillir ensemble.

Portrait

Pour le reste, j'ai eu mon lot de bonheurs et de malheurs, comme tout le monde plus ou moins, que j'ai gérés comme j'ai pu. Ça aurait pu être mieux, mais aussi bien pire, on dira que j'ai sauvé l'essentiel. Au physique, la nature a été relativement clémente avec moi, sans aller jusqu'à prendre pour argent comptant la déclaration de la mère un peu snob d'une amie de ma fille qui lui dit un jour : « ton papa, il est bel hôôômme ; il a du châââarme ! » Pas assez pour être au « zéro râteau », mais suffisamment en tout cas pour pouvoir séduire certaines femmes au physique, encore aujourd'hui. Encore récemment dans une soirée, à laquelle nous étions arrivés les derniers avec un couple d'amis, une belle brune grande et élancée eut une réflexion très gentille et flatteuse. J'avais passé un long et très agréable moment avec une charmante suissesse pour ensuite entreprendre la dame avec mon ami, quant à lui vraiment très beau mec, qui s'était déjà longuement amusé lui aussi avec une autre, cette dernière nous lança : « Ce n'est pas trop tôt, j'ai failli être vexée ! Depuis que je vous ai vu arriver tous les deux, j'attendais que vous me sautiez dessus ! Enfin ! » Cette délicatesse nous motiva encore davantage à pleinement la satisfaire. De taille significativement supérieure à la moyenne, une pratique sportive régulière m'a rendu athlétique, m'occasionnant en contrepartie quelques blessures. Le sport, et particulièrement les sports de glisse (sans jeu de mots, s'il vous plaît !), tient également une place importante dans ma vie, pour les bienfaisantes hormones qu'il déverse dans le cerveau ; et aussi parce qu'il sculpte le corps, ce qui est plus agréable pour les partenaires et aussi une marque de respect pour elles. Ne pas se laisser aller, ce leitmotiv explique aussi l'hygiénisme qui me caractérise : pas une goutte d'alcool, pas de tabac, pas de drogue, ce qui tombe bien, car l'alcool et les drogues ne font pas bon ménage avec le sexe. De fait, dans toutes les parties fines auxquelles j'ai assisté ou plutôt participé, je n'ai que très rarement vu une personne ivre. A part une ou deux coupes de champagne, qui est la boisson de la fête, car le sexe est une fête, les participants y boivent peu, même si les femmes peuvent se le permettre en général un peu plus que les hommes, pour des raisons physiologiques évidentes, et en tout cas pas au-delà de l'effet désinhibant dont seuls quelques novices peuvent avoir besoin, et encore pas tous. Nous connaissons toutefois une dame qui attaque au bar avec une capirinha dans une main et un mojito dans l'autre, avec des pailles, métaphore annonciatrice de ce qu'elle va immanquablement faire après, toujours une dans chaque main ; mais c'est une exception. Quant à moi, cette abstinence me fait passer auprès de nombre de gens pour un peine-à-jouir soupe au lait, notamment dans mon milieu professionnel, ce qui m'arrange bien. Je ne suis néanmoins pas un ascète au sens négatif du terme : s'abstenir de choses mauvaises pour la santé du corps et de l'âme est une joie ; par contre, se priver de choses bénéfiques comme les nourritures saines ou le sexe relève non de la canonisation mais de la pathologie et ne m'a jamais effleuré.

Le cheveu rare et ras depuis longtemps ne m'a jamais posé de problème psychologique, le seul regret que j'en ai, c'est que les dames qui me font l'insigne faveur d'accepter la caresse de ma langue entre leurs cuisses ne puissent de ce fait plus me tirer les cheveux au flux et reflux de leur plaisir ou de leurs pulsions dominatrices pour certaines d'entre elles. Au moins cela leur offre-t-il un prétexte à punition pour le dérangement que cela leur cause...

Sur le plan culturel, philosophique et religieux, ma vision du monde peut se résumer à celle contenue dans l'Iliade et l'Odyssée, textes fondateurs de notre civilisation. Il n'y a donc nulle trace de culpabilité ni de culpabilisation chez moi, je suis un homme libre assumant pleinement ses pensées et ses actions dans tous les domaines. Je suis juste un peu perplexe vis-à-vis du personnage de Pénélope, très belle figure au demeurant, mais sur ce point-là, je suis plutôt Brassens ou Don Alfonso... Je me sens plus proche d'Arria, qui croyait à nos anciens dieux qui « aimaient la vie, la jeunesse, la beauté, le plaisir. » Pour non conventionnelle qu'elle soit, je ne vis pas ma sexualité comme une transgression, comme je l'ai déjà évoqué. C'est peut-être dommage, me direz-vous, paraît-il que le frisson qu'on éprouve lorsqu'enfant on fume en cachette est délicieux, mais tant pis : je ne vais pas à des partouzes comme on vole du chocolat en douce dans le placard de sa grand'mère.

T., la Femme

Pour ce qui concerne mon épouse, je tiens à prévenir que ce n'est pas l'homme amoureux de sa femme qui va parler, mais tout simplement celui qui sur son passage a été témoin de tous les hommages, par la parole, le regard ou les gestes, des femmes comme des hommes, dans ce milieu comme dans la vie « normale ». Une beauté sensuelle, féline, athlétique et aux jambes galbées, un sourire et un regard expressif révélant son intelligence et sa forte personnalité (tirant régulièrement sur le sale caractère, mais ça, c'est à la maison…). Une peau magnifique, satinée et douce, don de la Nature soigneusement entretenu, qui a toujours fait l'admiration de ceux et celles admis à la toucher, lui donne dix ans de moins et me fait du coup passer pour plus âgé qu'elle, alors que c'est elle qui est plus âgée que moi ! Pour moi qui ai toujours été de la chair à cougar, c'est un comble ! Le glamour et la classe absolue même dans les tenues les plus osées, les situations les plus torrides et les positions les plus scabreuses : « salope chic » comme elle se plaît à le dire, mais jamais vulgaire, avec un goût des plus sûrs. C'est aussi une danseuse hors pair. Quand elle entre sur la piste de danse ou se met à la pole pour danser en robe sexy et chaussures plateformes à talons aiguilles, elle fait immanquablement son effet, sur les hommes mais aussi sur les femmes, jusqu'à parfois vider la piste par crainte de la comparaison et souvent capter toute l'attention pour enfin recueillir les applaudissements. C'est toujours un magnifique spectacle, et aussi de voir les yeux se braquer sur elle et d'y lire l'admiration, le désir, la fascination. Grâce à elle dans ces circonstances, nous parvenons souvent à séduire les couples comme les célibataires qui nous plaisent. Même dans les boîtes de nuit conventionnelles où nous allons parfois l'été pour faire plaisir à tel couple de nos amis verticaux, elle se fait régulièrement inviter à danser par des hommes parfois très jeunes, sous le regard admiratif et envieux de leurs copines, d'autant plus qu'elle a désormais l'âge d'être leur mère. Nous formons donc ce qu'on appelle communément un beau couple, ce sont les autres qui le disent ; surtout grâce à elle, c'est moi qui l'ajoute. Je suis fier d'elle, heureux pour elle, honoré qu'elle m'ait choisi car un peu de son prestige rejaillit sur moi, qui ne suis que le type qui accompagne Madame… Le mythe du roi Candaule raconté par Hérodote a une valeur universelle et je trouve un peu réducteur de l'avoir limité à l'archétype des hommes qui prennent leur plaisir en se bornant à regarder leur femme se faire baiser par d'autres. Certes, j'aime voir mon épouse faire l'amour avec d'autres, mais je participe ou je m'occupe d'elle juste après, ou d'une autre juste à côté ou encore mieux des deux à la fois. Et réciproquement, elle fonctionne aussi comme cela, même si Candaule n'a pas d'équivalent féminin, hélas… Beaucoup d'esprit, cultivée, elle est également très à l'aise en société, quelle qu'elle soit, y compris bien sûr celle que je suis en train de décrire. Très mondaine également, elle profite volontiers des pauses dans les orgies pour lancer des conversations relevées et lors des soirées privées, y compris chez d'autres personnes, son petit jeu consiste à aller ouvrir aux invités, juchée sur ses talons aiguilles plus nue que nue et de les accueillir dans les mêmes formes qu'une maîtresse de maison bien sous tous rapports le ferait pour une réception dans la bonne société, à l'étonnement puis au ravissement des invités en question.

Nos *motivations et notre quête*

Pourquoi la sexualité de groupe ? Je ne répondrai que pour nous, sans avoir la prétention de connaître aussi bien les motivations de tous ceux qui la pratiquent. Je dirai tout simplement que c'est la sexualité qui nous convient car elle est nécessaire et suffisante à notre équilibre et à notre épanouissement, pour chacun de nous deux et pour notre couple. Elle nous permet de décompresser et de nous aérer les méninges. D'une façon générale, je dirai que ce type de sexualité rejaillit favorablement sur ceux qui la pratiquent, sur leur personnalité et leur psychisme d'abord mais aussi sur leur physique et leur santé en général. De fait, le libertinage, c'est comme la potion magique : quand on est tombé dedans, les effets sont permanents et à vie… Pour la plupart des gens. En effet, certains s'y essaient, et s'ils ne renouvellent pas, c'est qu'ils ne sont pas faits pour ça, que l'expérience ait été intrinsèquement mauvaise ou non. Ou alors c'était juste une case à cocher, comme faire un marathon ou aller à New York, toute curiosité satisfaite et même au-delà. D'autres ont pu être des pratiquants réguliers sur une période significative de leur vie, mais arrêter suite à un événement de leur vie personnelle, par exemple un nouveau conjoint non pratiquant voire que notre libertin ne conçoive plus de pratiquer une fois rencontré l'amour de sa vie. Mais la grande majorité de ceux qui sautent le pas y reste pour la vie.

C'est en effet une sexualité très équilibrante contrairement à ce que d'aucuns pourraient penser, pour peu que l'on ait la maturité suffisante, la capacité de prise de recul nécessaire sans oublier une bonne dose de confiance et de respect envers son conjoint, qui empêchent de s'égarer dans le mélange des genres qui ne mène qu'à la ruine de toutes choses. D'abord, les substances naturelles qu'elle déverse dans le cerveau font du bien, c'est le meilleur antidépresseur et déstressant que l'on puisse imaginer. Elle donne de la confiance en soi, en renforçant l'estime de soi : elle rassure sur la capacité à séduire, à donner du plaisir et elle incite à les maintenir voire à les développer. Elle comble, satisfait et apaise, ôte toute frustration, ce qui fait que l'on n'a pas besoin d'être en chasse sans arrêt et de tout mélanger, notamment dans son milieu professionnel. Cela résout le problème auquel tout le monde se heurte, à savoir comment faire des rencontres ailleurs qu'à l'endroit où l'on passe le plus clair de sa vie éveillée -travail ou études pour les plus jeunes- où l'on sait certes exactement à qui on a affaire et où il existe une probabilité assez forte de trouver des profils assortis au sien, mais qui comporte un risque élevé de créer des situations ingérables au jour le jour. Pour ma part, de même que j'ai toujours évité de draguer dans mon environnement scolaire puis universitaire immédiat, je ne drague jamais au travail[2], ce qui est souvent interprété à contre-sens de façon assez amusante : la plupart de mes collègues me prennent pour un paisible père de famille pantouflard voire un peine-à-jouir, surtout les gros fêtards, très sympathiques et amusants quoique parfois un peu lourdingues en particulier avec les femmes, peu discrets sur leurs conquêtes réelles ou imaginaires, mais qui ne vont jamais très loin, au mieux un petit adultère peu glorieux et furtif mais pas pour autant très discret au cours d'un séminaire ou dans un Ibis entre midi et deux (NB : ce n'est pas du placement de produit). Les femmes, elles, se sentent en sécurité avec moi et à l'abri de la drague lourde et légère aussi d'ailleurs, au point de me solliciter pour les raccompagner au taxi ou à l'hôtel après les soirées d'entreprise, en tout bien tout honneur ! Elles s'exclament même « Comme c'est romantique ! » et s'extasient devant le nombre de bougies quand elles me demandent ce que j'offre à mon épouse pour la Saint Valentin ou notre anniversaire de mariage et que je leur réponds ingénument la stricte vérité : « Un dîner aux Chandelles !... » Heureusement, les majuscules ne s'entendent pas, notamment quand elles concernent une célèbre institution parisienne dans le domaine… Il faut dire que le milieu professionnel dans lequel j'évolue est bien de son époque en termes de taux de divorce, la longévité des couples n'y est pas la règle.

L'appartenance à la Confrérie rend la pause-café du lundi matin et le bas de CV compliqués. Il est en effet difficile de répondre à la question d'un collègue :
- Alors, qu'as-tu fait de beau ce week-end ?

---

[2] *Deux façons de le traduire en anglais : « Never fuck where you eat » ou « No zob in job ».*

- une partouze, et toi ?

De même, il est inenvisageable de la faire figurer dans la rubrique « loisirs et passions » de votre CV, quand bien même il s'agit d'un élément structurant et essentiel de la personnalité, qui nécessite un investissement notable en termes de temps et prouve certaines compétences, notamment « interpersonnelles » qu'elle tend même à renforcer, et ouvre de larges horizons. Ce mode de vie dépasse en effet de très loin le sexe ; j'y reviendrai plus longuement. Tennis quand il fait beau, lecture et cinéma quand il pleut, c'est tellement plus consensuel, moins « clivant » comme on dit de nos jours...

Concernant le physique, ce type de sexualité incite à s'entretenir, à prendre soin de soi, de son apparence et à faire des efforts, sur son corps, son habillement, son allure et son maintien. Pratiquer requiert d'être bien dans son corps, ce qui présuppose également une certaine maturité, d'être bien avec soi-même et avec les autres. Même si certains ou certaines osent tout, il est plus facile d'être sans complexe et d'avoir confiance en soi en étant beau ou au moins sexy, doté d'une certaine allure et d'un certain charme au départ. Mais il est surtout important d'être avenant, c'est valable pour les femmes comme pour les hommes et rend les choses tellement plus agréables et faciles. Quittez ce visage fermé et arrêtez de faire la gueule. Et après, c'est le cercle vertueux ! L'amour rend beau, le sexe aussi, les deux ensemble encore davantage.

En bref, toutes choses égales par ailleurs, les gens évoluant dans ce milieu sont en général plus équilibrés et épanouis que les autres, dans ce domaine au moins. Ils sont globalement corrects et respectueux, n'idéalisons pas cependant. Il arrive d'y rencontrer des hommes aux manières approximatives, des goujats, soit qu'ils arrivent la queue à la main sans aucune préoccupation ni égard pour leurs partenaires, soit qu'ils aient culturellement un problème avec le corps, avec la femme, avec le sexe en général, d'autres —souvent les mêmes – qui jouent des coudes contre les autres hommes voire même le mari pour tirer leur coup avec la dame au lieu de concourir à un vrai travail d'équipe pour mieux la faire jouir ensemble. Ce faisant, outre qu'ils sont pathétiques, ils ignorent que le respect non seulement envers la dame mais aussi des hommes entre eux est le secret des partouzes réussies, car cela détend tout le monde. Les partouzes sont en cela semblables à l'amour : le charme y est puissant, mais il peut être facilement rompu. Un mot, un geste, une attitude déplacés et c'en est fait. C'est l'un des avantages des soirées privées sur les clubs ou du moins certains d'entre eux : quand les hommes se bousculent entre eux et s'agglutinent pour être sûrs d'avoir leur part et ne pas repartir bredouille, cela crée une ambiance désagréable pour tout le monde et oppressante pour la dame qui se trouve submergée, et là, même la plus expérimentée et la moins farouche se crispe vite et peut rapidement s'en aller, à moins que ce ne soit le thème de l'événement. Même si la dame s'en accommode, il arrive aussi à bien des hommes seuls même les plus coquins de ne pas apprécier au point d'avoir du mal à ne pas débander ; et donc de préférer les plus petits comités avec des proportions raisonnables. Comme bon nombre de vieux briscards, quand il y a trop de monde, je préfère attendre que les rangs s'éclaircissent plutôt que de me jeter dans la bataille en pleine confusion, j'y ai toujours trouvé mon compte, d'autant plus que certaines femmes fonctionnent comme cela aussi. Beaucoup de fins de soirée furent ainsi mémorables. Les soirées privées ne connaissent pas ce genre d'inconvénients, l'atmosphère y est beaucoup plus détendue, sereine et bienveillante qu'en club, car les personnes invitées sont choisies, et à partir du moment où l'on est là, chacun sait qu'il trouvera son bonheur, quelles que soient les proportions des forces en présence.

Outre ces quelques hommes goujats, on peut aussi tomber sur des femmes incorrectes qui abusent de leur position dominante, que ce soit seule ou en couple, des couples qui prennent qui prennent et ne donnent rien, des c…, des importuns, des insupportables comme partout, mais sans doute moins que dans la population prise dans son ensemble. Dans le contexte libertin, ils sont en tout cas beaucoup plus repérables et donc plus faciles à éviter. Dans ces circonstances, les gens se révèlent en effet tels qu'ils sont, se trouvent à nu, au propre et encore plus au figuré : l'égoïsme, la vulgarité, les mauvaises manières s'y voient immédiatement. Une seule chose à faire : les éviter. Le respect est en effet un principe de base, j'y reviendrai. C'est l'autre avantage des soirées privées sur les clubs, même ceux qui pratiquent une sélection digne de ce nom : les indésirables y sont rarissimes. On trouve même en soirée privée des exemples surprenants de bienveillance, même entre inconnus. Au cours de ma première soirée après une blessure qui m'empêchait encore de donner des coups de reins, les deux autres femmes présentes en plus de la mienne furent aux petits soins pour moi. Elles m'invitèrent spontanément à rester allongé sur le dos, m'administrèrent les premières fellations et je me retrouvai ainsi toute la soirée préposé aux doubles pénétrations en position dessous, double anale pour la première de ces dames, classique pour sa consœur. En contrepartie, cette dernière en profita pour s'asseoir sur mon visage, car elle n'était quant à elle pas exclusivement adepte de pénétration. C'était bien la moindre des choses, d'autant qu'à la fin, elle tint à recevoir mon sperme dans la bouche après celui des quelques autres hommes, son mari la filmant en gros plan à ce moment. Ce fut une magnifique soirée, qui accéléra mon rétablissement.

N'idéalisons pas non plus les soirées libertines en général. Toutes les soirées ne sont pas des réussites, j'en ai même vécu de complètement ratées quelles qu'en aient été les raisons : qualité des participants, motivations divergentes, ambiance et attitudes (je viens de le dire, arrêtez de faire la gueule), glace qui ne rompt pas, impair… Cela tient parfois à peu de chose, une femme déchaînée peut débloquer à elle seule une soirée mal engagée, mais s'il ne se trouve personne pour allumer l'étincelle… Dans ce cas, une seule chose à faire : partir, mais surtout ne pas s'arrêter à cela malgré la déception, surtout si l'on est débutant.

Les rêves de l'enfance retrouvés

Un autre aspect particulièrement attrayant du libertinage est le petit côté enfantin de la chose. Cela commence par le pseudonyme, que le libertin se choisit certes par discrétion, mais surtout quand il porte un prénom rare ou que la combinaison de son vrai prénom et de celui de sa moitié est rare et rendrait donc le couple facilement identifiable. Mais le pseudo constitue aussi une forme de déguisement, une façon de changer de peau et de personnage comme dans les jeux d'enfant. Puisque l'on parle de déguisement justement, comme toutes les femmes en général, mais plus encore, les libertines aiment s'apprêter, se parer, se coiffer, se maquiller, s'habiller, se mettre en valeur, les belles tenues et les belles chaussures… C'est aussi leur côté petites filles, sauf qu'il ne s'agit plus des déguisements de fée ou de princesse… Outre l'aspect ludique immédiat – « jouer » dans le jargon libertin signifie ce que vous devinez – il y a une dimension beaucoup plus profonde : écolier parmi tant d'autres le jour, lequel d'entre nous n'a jamais rêvé en s'endormant de se métamorphoser en super-héros, d'accomplir des exploits dont tout le monde parlerait mais sans jamais faire le lien avec cet enfant que l'on rencontre tous les jours, tellement banal qu'on ne le remarque pas ? Le libertinage permet cela à l'enfant parvenu à l'âge adulte : M. et Mme Tout le Monde le jour, méconnaissables la nuit, transfigurés par les tenues et les cadres féériques de rigueur pour ce type de soirées, pour des aventures extraordinaires. C'est particulièrement vrai pour les femmes : la paisible mère de famille le jour qui se métamorphose en créature fatale déchaînée la nuit et consomme les mâles par grappes, Cendrillon coquine des temps modernes sans que la chute du carrosse et son retour à l'état de citrouille soit aussi douloureux et en guise de pantoufle de vair, une petite culotte ou un bas filé resté accroché à une console quand l'heure a sonné… Ce n'est pas seulement l'impératif de discrétion qui impose ce dédoublement, il est aussi terriblement excitant en lui-même.

Un beau soir d'automne, nous arrivions mon épouse et moi à un dîner non loin des Invalides. Dans l'entrée de l'immeuble, nous faisons connaissance avec un homme et sa femme dans nos âges, qui comme la mienne ne s'est pas encore changée, jolie, élégante et discrète. Un quart d'heure plus tard, je salue une vamp aux cheveux rouges montée sur platform shoes et c'est elle qui m'affranchit au bout de plusieurs minutes de conversation : elle et la dame en bas tout à l'heure ne font qu'une !… Elle sera à la hauteur de l'impression produite : après avoir « ouvert le bal », elle s'offrira (à) tous les hommes de la soirée, trois par trois voire plus pour qu'aucun de ses orifices ne soit négligé, le paroxysme de sa frénésie sexuelle étant atteint lorsque double-pénétrée et entourée de plusieurs autres hommes prêts à la servir, elle se mettra à hurler : « J'aime les bites, j'en veux encore et je veux aussi des chattes et des nichons ! » Rassurez-vous, chères lectrices, chers lecteurs, une autre beauté qui passait par là s'offrira à sa bouche et à ses mains… Une dernière double pénétration à même le superbe tapis d'Orient du salon de réception, pour laquelle elle invite Votre serviteur à la sodomiser « à sec » (elle est déjà trempée et complètement dilatée, ce qui relativise la performance…). En même temps mise au défi d'assumer son titre auto-proclamé de « plus grosse salope de la soirée » (sic), elle se fait tirer les cheveux, cracher dans la bouche (quand les deux verges qu'elle boulotte lui laissent la bouche libre pour quelques instants) et gifler. Je suis alors obligé de capituler le premier, incapable de la frapper plus fort de peur de lui faire vraiment mal, alors qu'elle le réclame crânement, affirmant n'avoir rien senti… Un peu plus tard, dans le calme qui suit les tempêtes, alors que nous discutons autour d'un verre, amusés des différentes facettes des personnalités des uns et des autres, du contraste entre l'image publique et l'image privée, du dédoublement, Alexandra nous dit : « celle que vous avez vue ici ce soir, c'est elle la vraie Alexandra. »

Le dédoublement peut même servir pour quelques très rares femmes à rendre supportable ou du moins psychologiquement gérable cette face obscure de leur personnalité, qu'elles voudraient à tout prix enfouir quand l'écart est trop grand pour être comblé entre leur éducation, l'image qu'elles ont d'elles-mêmes et les pratiques sexuelles extrêmes auxquelles elles prennent un intense plaisir presque malgré elles. Le pseudo constitue alors un très efficace moyen de distanciation et un très bon complément à l'alibi de la soumission à l'amant qui l'a amenée à cette dépravation et se trouve donc en être le seul fautif, lequel alibi permet ainsi à la femme de s'exonérer de toute responsabilité. Cela n'est nullement péjoratif, j'ai connu quelques cas de genre et été confronté personnellement à l'une de ces femmes et je comprends bien ce que peut représenter le poids de l'éducation, d'impératifs et d'interdits moraux surtout pour certains caractères ainsi que le choc occasionné par la découverte d'une réalité irréconciliable avec ces représentations. Dans ce cas, une fois la porte refermée sur la soirée où l'amant a livré sa maîtresse sous son emprise à toutes les turpitudes sexuelles les plus avilissantes et dégradantes, tout en veillant sur elle, choisissant les protagonistes et sans dépasser les limites même si elles vont parfois très loin, il lui en parlera à la troisième personne et en utilisant les pseudos, ce qui sera très efficace pour effacer toute trace psychologique, autant que la douche pour les traces physiques :

- Son amant X, quel salaud quand même, tu as vu tout ce qu'il a fait faire à Y ?
- Je t'en prie, arrête…
- Elle est amoureuse, sans doute.
- Oui…
- Remarque, lui aussi, à sa façon. Mais elle, tu crois que cela lui a plu ?
- Oui, je crois…
- Et tu crois qu'elle aura envie de recommencer ?
- Oui, certainement.

Les deux amants reprennent alors leurs véritables identités qu'ils avaient laissées au vestiaire en entrant. Comme si, une fois sortis et la porte refermée derrière eux, tout cela n'avait jamais existé. Ces cas sont très rares, mais ils existent et méritent d'autant plus qu'on les évoque qu'ils étaient probablement plus fréquents jadis quand les mœurs étaient moins libres ou plus lâches, diraient certains.

L'initiation

La sexualité de groupe fait donc partie de mon équilibre. J'ai commencé relativement jeune, quand étudiant, avec un ami, nous partagions nos « conquêtes », si elles étaient intéressées bien sûr, ce qui arrivait quelquefois et plus souvent qu'on aurait pu le penser. Je mets « conquête » entre guillemets car je ne suis pas dupe. Dès cet âge-là, j'avais compris que c'est toujours la femme qui choisit et non pas l'inverse. A ce jeu, elles jouent toujours à domicile, nous jouons toujours à l'extérieur, c'est ainsi. Avant cela, je n'avais pas eu le temps de connaître les flirts d'adolescent. A peine âgé de seize ans, j'ai été propulsé directement de l'enfance à l'âge adulte en l'espace de quelques minutes par une jeune fille plus âgée, largement majeure et déjà très expérimentée, qui avait un petit ami absent ce soir-là qu'elle « trompait » donc. Je limitai alors les dégâts et assurai le minimum en rassemblant mentalement toutes les BD de Crépax, Manara et autres (Ah, l'Italie !...), photographies et romans érotiques ou pornographiques qui constituaient mon seul bagage dans le domaine, la vidéo X n'étant pas encore totalement démocratisée surtout dans ma région loin des grandes métropoles... Puis j'ai enchaîné les histoires d'une nuit, certaines mémorables, comme celle avec cette jeune fille déchaînée à la longue crinière de mèches à la mode de l'époque qui toute la nuit me laboura le dos et les flancs de ses griffes au rythme de ses cris. Quoique n'étant pas particulièrement exhibitionniste et même assez réservé à l'époque, l'effet produit par ces stigmates dans le regard des autres les quelques jours suivants sur la plage fut assez plaisant. Peut-être faut-il aussi chercher ici l'origine de mon attirance pour les jeux D/S, sur lesquels je reviendrai ? Et une autre aussi, quand un copain de vacances et moi fûmes en compétition pour une créature, bien inutilement car elle ne voulut pas choisir, nous donnant à l'un et à l'autre notre première expérience « libertine ». Ce ne sera qu'à la onzième « conquête » que je connaîtrai une aventure plus longue, même si ce ne fut que de quelques jours. Toujours avec des femmes plus âgées voire beaucoup plus, j'ai même dépassé le « X2 » à plusieurs reprises, comme dans la chanson de Dalida, cette dernière image devant être comprise sans ambiguïté ici, en dépit de la personnalité de l'auteur des paroles… Là encore, l'effet produit avec la dame en entrant dans le restaurant, ces regards lourds de sens, de la part des hommes comme des femmes, jeunes et moins jeunes !... Il n'est pas difficile d'expliquer ce penchant : au-delà de l'expérience sexuelle et aussi, du moins dans mon jeune âge, la désinhibition très supérieure des femmes mûres, j'ai sans doute recherché l'expérience tout court, qui donne aux femmes une signifiance supérieure, toutes choses égales par ailleurs. J'en ai eu de multiples illustrations, tout récemment encore : un vendredi après-midi, je fus amené à boire un café avec une étudiante, pourtant jolie, intelligente et entreprenante qui m'avait sollicité pour des conseils d'orientation et de carrière ; et le soir même au cours d'une partie fine, j'eus une interaction privilégiée avec Isabelle, une femme de plus de cinquante ans en tous points remarquable, interaction qui ne se limita pas qu'au sexe, lequel fut néanmoins particulièrement intense. A quelques heures de distance, le contraste fut saisissant lorsque je repensais à ces deux femmes, et j'en revins à la conclusion qu'indépendamment de la différence de registre et de contexte, il y avait un monde entre elles, la comparaison étant sans conteste à l'avantage de la femme mûre, en dépit de l'attrait et des mérites de la jeune fille, qui n'aurait eu aucune chance si elle avait cherché quoi que ce soit. Ce point de vue était déjà le mien quand j'étais jeune, il n'a pas changé. Je sais que beaucoup ne le partagent pas, ils préfèrent la fraîcheur et cette tendance va en général en s'accentuant avec l'âge, ce qui est tout à fait compréhensible et respectable. Je n'ai dérogé à cet état qu'à deux reprises. La première fois, encore étudiant, pour passer une folle nuit avec la jeune sœur provinciale d'une ex très intellectuelle et d'autant plus perverse, qui me l'avait poussée dans les bras au prétexte de lui faire visiter Paris ou au moins le quartier latin. Etudiante aux Beaux-Arts, elle dessina dans un cahier que j'ai encore toutes les saynètes de partouzes que je lui décrivais jusqu'aux traits des protagonistes façon portrait-robot, les restituant avec une ressemblance frappante tandis que nous attendions notre plat au restaurant. La nuit fut à l'avenant, après le dessin, les travaux pratiques, avec dépucelage anal de la belle en prime… Il y a quelque temps également, une jeune et belle méridionale plantureuse rencontrée en faisant les courses, craquante dans sa robe noire et ses ballerines rouges, une de ces rencontres magiques où la séduction mutuelle opère en un instant d'un seul regard, sans une parole ; ce qui explique que l'affaire se soit faite. En effet, un libertin ne se commet que très rarement dans des relations extra-conjugales verticales, même s'il met systématiquement son conjoint au courant comme c'est mon cas : trop compliqué comparativement à l'intérêt que cela comporte, absence de frustration sexuelle chez le libertin qui nécessiterait ce genre d'escapade. A la fin de la nuit donc, elle eut cette réflexion fracassante : « j'avais envie de m'envoyer un quadra ; c'est fait. » Dans le monde vertical, ce sont les deux seules exceptions : chair à couguar un jour, chair à couguar toujours !... Dans le monde horizontal, mécaniquement, l'âge que j'atteins maintenant me fait fatalement passer des moments avec des femmes plus jeunes, mais pas de beaucoup – je préfère au-dessus de trente ans - et ce n'est pas encore la majorité, pour les raisons que j'indiquerai. Mon épouse et moi devons néanmoins concéder avoir vécu avec un jeune couple débutant de près de vingt ans de moins que nous un moment très agréable et même émouvant, particulièrement lors de la conversation d'après l'action, qui avait un parfum de passage de relais entre générations, mais heureusement, nous ne sommes encore qu'au début de la zone de transmission du témoin ! Mon épouse quant à elle, quoiqu'elle préfère en général les hommes de son âge, fait de bien plus fréquentes exceptions avec des hommes beaucoup plus jeunes, surtout dans les soirées pluralité où les âges se mélangent, plus difficilement dans des circonstances plus « intimistes ». Pour cette raison, nous n'oublierons jamais cette soirée dans un club en Province où nous étions bien partis pour nous ennuyer ferme et avions commencé à deux dans une pièce fermée pour ne pas avoir complètement perdu notre temps, quand un jeune homme qui s'avéra ne pas avoir atteint les 25 ans prit son courage à deux mains pour frapper à la porte. Grand, sportif et beau gosse, il sollicita la permission de passer un moment avec nous en bredouillant des compliments touchants de sincérité naïve à l'adresse de mon épouse qui l'intimidait terriblement : « Madame, vous êtes la plus belle femme de la soirée », etc. Instinctivement, mon épouse attendrie l'agréa et le materna tout au long de l'action, qui devenait de plus en plus hard. Il semblait vivre un rêve éveillé, demandant la permission pour la moindre caresse d'un air timide avec une politesse quasi enfantine, s'attirant des « Mais bien sûr, Vincent ! » de mon épouse, tandis que je me retenais de sourire. Il était évident que c'était sa première fois à plus de deux et même qu'il n'avait pas du connaître beaucoup de femmes jusqu'à lors. Le summum fut atteint quand mon épouse lui demanda de s'allonger sur le dos et lui dit : « Maintenant, je vais venir sur toi et mon mari va me prendre par derrière en même temps ». Le regard émerveillé du gamin à ce moment ! On eut dit celui d'un enfant pauvre, qui se voit ouvrir un grand magasin de jouets pour lui tout seul dans un conte de Noël ! Il n'avait sans doute jamais vu cela que dans des films pornos avec tout ce que cela a d'irréel, et maintenant, c'était lui à la place de l'acteur ! Le rêve continua quand elle l'invita à la sodomiser à son tour comme on offre une récompense, puis à prendre son plaisir. Il se confondit en remerciements avant de nous quitter. Inoubliable, je pense que ce n'est pas de notre part faire preuve de prétention que d'être sûrs qu'il s'en souviendra toute sa vie.

Avant de poursuivre, je dois expliquer le sens pris dans ce contexte par « horizontal » et « vertical », même si la majorité d'entre vous l'aura déjà deviné : on entend dans la Confrérie par « vertical » ce qui se rapporte au monde « normal », non libertin : des amis verticaux sont des amis rencontrés hors libertinage, avec lesquels on ne coquine pas et qui le plus souvent ne sont pas au courant. Un dîner vertical est un dîner « normal » qui ne se termine pas en partouze ; de même, une conquête verticale est une conquête faite hors du cadre libertin, avec laquelle on n'a que des rapports qu'à deux. A contrario, des amis horizontaux sont des amis rencontrés ou pratiqués dans le cadre libertin, un dîner horizontal est un dîner qui commence à table avec des mains et des jambes qui commencent à vagabonder discrètement sous la nappe bien avant le dessert pour franchement déraper ensuite.

Femmes, je vous aime

Cette explication faite, je ne mets plus de guillemets et je reprends le fil de mon histoire pour conclure cet autoportrait sur un hommage : j'ai aimé et j'aime toujours beaucoup les femmes, plus que l'inverse même si je serais indécent de me plaindre. Certaines ont en effet été incorrectes, quelques-unes m'ont blessé par méchanceté gratuite et inutile, surtout dans ma prime jeunesse (eh oui, un homme aussi, ça peut être blessé dans ce domaine-là !...) : j'ai en effet subi quelques marques de dédain, râteaux ou abandons particulièrement douloureux, d'une brutalité inutilement blessante, ce qui m'a rendu ombrageux et encore moins dragueur que je ne l'étais au départ — j'ai toujours été un très mauvais dragueur. J'ai néanmoins toujours été incapable de leur en vouloir collectivement, je les aime trop pour cela et beaucoup d'entre elles m'ont tellement donné. Une seule, s'il en avait été besoin, m'aurait tout fait pardonner par une seule de ses paroles : après une belle après-midi au cours de laquelle à peu près toutes les combinaisons possibles entre un homme et une femme avaient été explorées, cette belle aventurière à la vie bien remplie et aux manières exquises, veuve d'un milord de 25 ans plus âgé qu'elle qui avait fait d'elle la Lady qu'elle avait toujours été, me regarda d'un air incrédule quand je lui confiai ces quelques râteaux ou déconvenues puis s'exclama : « Les connes ! Elles ne savent pas ce qu'elles ont manqué ! » Merci, Madame.

L'un de mes confrères et amis quant à lui eut un jour ce beau mot qui nous résume assez bien dans ce domaine, quoique un peu caricatural : « Toi comme moi nous les baisons toutes ; la différence, c'est que toi, tu les aimes. »

Je remercie toutes ces femmes qui m'ont fait la grâce d'un moment en leur compagnie, je me souviens de chacune d'entre elles. Il y en a eu de magnifiquement belles, il y en a eu de moins belles ; toutes furent touchantes. Par le plaisir qu'elles prirent à ce moment, par les douces et flatteuses paroles de remerciement dont certaines me gratifièrent, en murmurant ou en hurlant. Je les remercie toutes, des furies pour qui je n'ai été qu'une bite parmi la trentaine de leur soirée, aux câlines aux yeux embués de reconnaissance après un long cunnilingus, de celles qui vous enveloppent sensuellement de tout leur corps comme des chattes amoureuses et qui vous font l'amour plus qu'elles ne baisent même en pleine orgie, aux gourmandes comme aux réservées qui n'auraient jamais imaginé qu'on pût faire l'amour comme cela, et elles encore moins. Même la dédaigneuse, celle que mon épouse et moi appelions « la danseuse », une superbe femme dans tout l'éclat de la quarantaine, grande rousse aux yeux noirs à la peau blanche immaculée, élancée, superbe dans tous les sens du terme, toujours chaussée de mules plateformes transparentes à talons aiguilles pour sublimer ses magnifiques pieds à la cambrure idéale, toujours impeccablement manucurés, qui se laissa juste caresser et baiser les pieds en question puis cessa le jeu sitôt que son mari l'eût fait jouir à la bouche, sans même m'accorder un regard pas plus qu'aux deux autres hommes présents. Je remercie toutes ces femmes qui ont bien voulu accepter que je leur donne du plaisir, je prends cela comme une bénédiction et je leur voue une profonde gratitude.

En partie grâce à elles, à l'heure de ma mort, je ne serai pas triste. Je me retournerai une dernière fois et j'emporterai tous ces souvenirs. Je pourrai quitter la vie et toutes ces femmes comme Ulysse quitta Nausicaa : en la bénissant, et non amoureux d'elle[3].

---

[3] *Vous aurez reconnu un emprunt de quelques mots à un philosophe allemand...*

Transports en commun

Qui sont les libertins ? Que font-ils précisément et pourquoi ? Quels sont leurs modes de fonctionnement et leurs motivations profondes ? Que recherchent-ils ? Ce sont là les premières questions de tout observateur extérieur auxquelles je vais tenter de répondre.

L'impossible portrait-robot

Comment reconnaitre un(e) libertin(e) ? Comment se reconnaissent-ils entre eux ? Ce n'est pas facile, la discrétion étant un des principes fondamentaux. Le libertin n'est pas du genre à le crier sur tous les toits, en cela il se différencie du dragueur vertical, nettement plus tapageur et prompt à étaler ses exploits, les smart-phones n'ayant rien arrangé… De plus, les libertins sont peu nombreux.

En effet, autant chercher une aiguille dans une botte de foin, car même si l'incertitude est totale sur les effectifs réels, la pratique est très minoritaire, mais dans quelles proportions ? Mystère… Un exercice d'estimation est possible, mais il repose sur tant d'hypothèses plus ou moins vérifiables et se heurte d'emblée à l'écueil de la définition : parle-t-on des pratiquants réguliers (une fois par mois ? Moins, Davantage ?), de ceux qui l'ont été mais ne le sont plus ? De ceux qui ont essayé une fois et n'y reviendront plus, toute curiosité satisfaite et même au-delà ? De ceux qui viennent aux soirées mais restent en couple ou ne font que regarder voire viennent juste pour l'ambiance ou la danse en petite tenue sans être dérangés ? Y inclut-on les polyamoureux, qui peuvent avoir des rapports à trois, mais dont l'état d'esprit est assez éloigné de celui des libertins ? Le style de vie de polyamoureux est d'ailleurs à mon sens beaucoup plus compliqué à gérer que le style de vie libertin, comme j'en ai souvent discuté avec l'un de nos amis qui vit en « trouple » avec son épouse - bisexuelle intégrale et amoureuse !– et leur maîtresse. Mais revenons au sujet : ne connaissant pas le milieu du libertinage homosexuel, de fait totalement étanche avec notre Confrérie, je limiterai mon périmètre au libertinage hétérosexuel (et plus ou moins bi le cas échéant). Cela posé, si l'on s'arrête à la définition des pratiquants réguliers et actifs s'aventurant au-delà des limites de leur couple et si l'on veut bien se cantonner à la France, on peut faire un estimé en distinguant Paris du reste du territoire, les grandes villes des petites villes et des campagnes. Paris en tant que très grande ville offre l'avantage de l'anonymat, tandis que dans la plupart des villes de Province ou campagnes, le risque de tomber sur des connaissances verticales est élevé, ce qui donne lieu, surtout de la part de personnes aux situations professionnelles « exposées », à des stratégies de contournement comme faire jusqu'à 200 kilomètres et plus pour un club où l'on ne sera (re)connu de personne, ce qui peut ne pas s'avérer judicieux si d'autres ont la même idée ; ou alors à ne fréquenter exclusivement que des soirées privées en cercle très fermé. Une quarantaine de boîtes et saunas sur l'Ile de France fonctionnant pratiquement tous les jours sauf la relâche hebdomadaire, une quarantaine de clients par soir s'y rendant une fois tous les quinze jours ; un en moyenne pour chacun des autres départements, seulement le week-end, une trentaine de clients par soir s'y rendant une fois tous les quinze jours également : cela donne 40 X 40 X 12 = 19.200 pour Paris et l'Ile de France, 90 X 30 X 4 = 10.800 pour la Province, ce qui donne 30.000 personnes fréquentant les clubs, auxquels rajouter à peu près le même nombre fréquentant exclusivement les soirées ou pratiquant entre connaissances, ce qui donne en tout 60.000. On prendra comme population de référence en âge de libertiner les 28 millions de personnes que compte la population active française, si l'on veut bien admettre l'hypothèse selon laquelle le décalage aux deux extrémités de la pyramide est compensé. Cela fait 2,1 pour mille : pas facile à trouver… Sur la répartition entre les sexes, on peut l'estimer à une femme pour deux hommes, sans pouvoir le prouver, mais à partir des proportions entre soirées couples et soirées pluralité ; ce qui rend la position de la femme encore plus avantageuse, à tous points de vue.

Il faut donc se contenter de généralités. L'allumeuse qui se balade en toutes circonstances en tenues sexy provocantes voire vulgaires dans la vie de tous les jours a peu de chance d'en être ; pas davantage le dragueur compulsif qui saute sur tout ce qui bouge de façon plus ou moins lourdingue, toujours la blague salace à la bouche. Même si l'on rencontre dans le milieu libertin bon nombre de fortes personnalités, parfois même flamboyantes, l'exubérance n'est pas vraiment ce qui caractérise le libertin et la libertine. Ils sont en général épanouis, souvent élégants et attentifs à leur mise mais veillent soigneusement à ne rien laisser paraître de leur double vie. Ce qui peut constituer un indice : un beau couple épanoui mais dont aucun des deux membres ne drague ni ne rentre dans aucun jeu de séduction, c'est soit un couple monogame dans l'âme, soit un couple libertin. Chez les libertins, la satisfaction des besoins sexuels permet en particulier à l'homme d'avoir une maîtrise de soi difficilement accessible aux autres. Dans la vie de tous les jours, un homme lambda normalement constitué pourra difficilement résister aux avances ouvertement sexuelles d'une femme, sauf si celle-ci est vraiment un remède à l'amour ou qu'il voit arriver trop de complications pour son couple « légitime » : besoin de se rassurer, particulièrement aigu chez nous les hommes, ego flatté, excitation difficilement réprimée dans la perspective de « tirer un coup » sans lendemain ni conséquence, surtout que les occasions de ce type ne sont quand même pas si courantes et qu'il ne faut pas les rater. Le libertin quant à lui est parfaitement armé pour contrôler facilement ses pulsions et tout à fait capable de dire non sans hésitation ni regret, même à des femmes attirantes, ce qui est très déstabilisant voire vexant pour elles. Je puis vous l'assurer, ayant déjà été confronté à cette situation. La libertine, elle, a encore moins besoin que l'homme de ce genre d'aventures dans sa vie de tous les jours, ce qui explique qu'elle ne les recherchera pas et déclinera les avances de ce type, qui ne lui apporteraient strictement rien sinon des complications inutiles. Ce qui ne veut pas dire que derrière toute jolie femme discrète et classieuse en ballerines plates se dissimule forcément une partouzarde effrénée ou une domina perverse, pas plus que tout bel homme élégant et discret cache forcément un séide de Rocco ; ne me faites pas dire ce que je n'ai pas dit ! Pour ma part, je n'en ai débusqué un - une en l'occurrence - qu'une seule fois : une relation de travail éloignée – nous n'avions pas de contact direct - qui quoique très discrète dans son allure, son habillement et son comportement, m'avait donné des soupçons diffus, confirmés quelques années plus tard par une rencontre fortuite dans une partie fine ; nous ne travaillions plus alors pour la même société, mais qu'importe au fond... Une autre anecdote, plus cocasse, vaut la peine d'être relatée ici. Au cours d'un arbre de Noël d'entreprise, mon épouse croit reconnaître une autre mère de famille mais sans pouvoir la situer. Décidemment très mondaine, elle va la saluer, lui demande très enjouée si ses enfants sont dans la même école que les nôtres, à quoi l'autre répond d'un air pincé : « Non, non, pas du tout ! » Quelques secondes après, mon épouse réalise sa méprise... Monsieur et Madame Tout le Monde, indétectables. La semaine suivante, nous trouvant à dîner dans un des clubs où nous avons nos habitudes, elle et son mari arrivent peu après et tombent nez à nez avec nous, détournent le regard bêtement gênés, de même lorsqu'il nous arrivera de nous rencontrer au travail, tandis que je lancerai un bonjour bien haut, mon côté joueur. Les huit étages en ascenseur furent longs pour lui ce jour-là... Un peu ridicule, convenons-en. Certains ont soit du mal à assumer soit une telle peur d'être « démasqués » qu'ils en viennent à affecter de ne pas reconnaître les confrères quand ils les croisent à l'extérieur, jusqu'au ridicule et finalement de façon pas du tout discrète. D'autres dont nous sommes se saluent comme si de rien n'était, s'assurant tacitement de leur mutuelle discrétion, et refont éventuellement connaissance dans le monde « normal » dès qu'ils se savent à l'abri des oreilles et regards indiscrets. La discrétion est la règle, chaque libertin tient à son jardin secret, vis-à-vis de son voisinage, de son entourage professionnel et amical, mais aussi et surtout de sa famille. Votre frère, votre sœur, votre cousin(e), votre fils ou votre fille, vos parents, peut-être ? De toute façon, si jamais on venait à vous reconnaître, il s'agirait forcément d'un sosie... Ce milieu convient donc particulièrement aux personnes secrètes, celles qui cloisonnent toujours soigneusement leur existence et s'ingénient à toujours savamment brouiller les pistes, mais aussi aux personnes tout simplement discrètes, qui n'aiment pas mélanger les genres et ne sont éventuellement exhibitionnistes qu'en comité restreint et choisi...

L'âge n'offre pas davantage d'indication. La population libertine se répartit selon une courbe de Gauss typique, avec la plupart des valeurs entre 35 et 60 ans et un pic au beau milieu. Comme je l'ai déjà mentionné, il faut une certaine maturité pour envisager ce genre de pratique, chez les femmes évidemment, mais aussi chez les hommes ; surtout quand on fait cette démarche en couple, ainsi qu'une capacité de distanciation et de prise de recul. Et avant, il y a souvent les jeunes enfants, ce qui est fort bien résumé par une de nos flamboyantes connaissances au beau pseudo d'animal sauvage : « Pendant toutes ces années, je me suis occupée de mes enfants, de mon mari et de ma carrière. Maintenant, il est temps que je m'occupe de mes fesses. » Elle s'est bien rattrapée, je vous rassure, et elle continue ! A la quarantaine, les femmes sont à leur zénith : elles ont eu leurs enfants, éprouvé la solidité de leur couple ou organisé et assumé leur indépendance en cas de célibat ou de divorce voire refait leur vie, fait leur vie professionnelle, elles sont sûres d'elles, l'esprit disponible, elles sont magnifiques et leur libido est à son sommet : tous les facteurs favorables sont alors réunis. En outre, leurs capacités sexuelles ne décroitront que plus tard par rapport à celles des hommes, ce qui explique la présence dans ces soirées d'un nombre non négligeable de grand-mères sexy accompagnées d'hommes parfois nettement plus jeunes qu'elles, pour peu qu'elles aient su s'entretenir et se maintenir. Et dans ce cas, elles ne sont pas les moins actives ni les plus discrètes dans l'action…

L'origine sociale, la CSP ou la profession ne sont pas non plus d'une grande aide : on trouve des gens de tous horizons, sauf peut-être les deux extrêmes qui sont sous-représentés, et encore la tendance à l'entre soi y compris dans ce milieu peut-elle donner cette perception qui si cela se trouve est fausse ou du moins biaisée. Le libertinage n'a pas non plus de couleur politique. Le plus souvent, on évite d'aborder les sujets qui fâchent, notamment la politique. Seuls le collectivisme sexuel et les récriminations contre la pression fiscale excessive font l'objet d'un large consensus sans que cela paraisse paradoxal… On peut juste conjecturer que l'ensemble de l'échiquier politique est représenté.

Concernant l'apparence physique, quelques détails peuvent constituer un indice, encore sont-ils le plus souvent très difficilement observables dans la vie quotidienne. On a toujours coutume de plaisanter sur l'ongle du majeur qui serait coupé plus court chez les adeptes du doigtage, ce qui serait plus observable chez les femmes, du fait du contraste avec les autres ongles plus longs. Mais cela ne prouve en rien l'appartenance à la Confrérie, vous n'irez donc pas très loin avec ça… Les signes corporels « branchés », tatouages et piercings, ne sont ni plus ni moins répandus que dans le reste de la population, y compris pour les plus connotés (seins, langue), de même que la chirurgie esthétique avec quelques poitrines et bouches refaites. Pour ce qui est des piercings intimes dans les grandes lèvres vaginales, c'est évidemment plus difficile de le savoir : on en rencontre de temps en temps, et même parfois de façon surprenante sur des mères de famille bourgeoises au-dessus de tout soupçon dans leur tailleur gris de bonne coupe. C'est un style, pour ma part, je ne m'en plains pas : cela agrémente agréablement le cunnilingus, car c'est très amusant de jouer avec le bijou à coups de langue ou d'aspirations. Un autre détail peut constituer un indice et encore est-il lui aussi difficile à observer, et pour cause : il s'agit de la pilosité intime. Il est en effet d'usage de s'épiler le sexe, pour les hommes comme pour les femmes, pour des raisons esthétiques, pratiques et d'une façon générale par respect pour les partenaires. Néanmoins, de plus en plus de femmes s'épilent tout en étant complètement étrangères à la Confrérie. Pour ce qui est des hommes, cette pratique indique soit l'appartenance à la Confrérie soit au milieu gay. Mais à part dans les vestiaires d'un club de sport ou dans l'intimité, c'est difficile à observer, sauf pour les naturistes en vacances. Mais là encore, il ne s'agit que d'un recoupement partiel : la majorité des naturistes ne veulent surtout pas entendre parler de libertinage et inversement, de nombreux libertins ne pratiquent pas le naturisme. Nous sommes dans ce cas de figure et ne sommes de ce fait jamais allés au Cap d'Agde, qui est pourtant une destination de vacances privilégiée pour des échangistes de l'Europe et même du monde entier. Un jour, peut-être, pour ne pas mourir idiots !...

Il ne reste que de l'intangible, une manière d'être à l'aise et bien dans sa peau, d'entretenir des rapports paisibles et sans arrière-pensées avec les autres, une assurance tranquille sans agressivité, une signifiance particulière quoique difficile à définir. Et en tout cas difficile à différencier de l'état de plénitude de n'importe quel sage…

Il est donc difficile de reconnaître les libertins, et même pour eux de se reconnaître entre eux dans la vie « normale », en dehors des clubs échangistes, saunas ou soirées privées, qu'il s'agisse des soirées privées proprement dites organisées par des particuliers ou de soirées privées préparées par un organisateur professionnel, dont internet et les réseaux sociaux ont grandement favorisé le développement au détriment des clubs, sans que l'on puisse toutefois parler d'uberisation des partouzes. J'élimine rapidement l'espace public, bois ou dunes, qui ont quelques adeptes, mais la probabilité de croiser la route de tordus y est beaucoup trop élevée. A part les réseaux sociaux spécialisés, seuls les clubs et les saunas permettent à tout libertin d'en rencontrer d'autres, la différence entre le club et le sauna résidant essentiellement dans le décorum et dans l'approche. Personnellement, je trouve l'atmosphère des clubs beaucoup plus érotique par l'élégance et les tenues, particulièrement celles des femmes, tandis que dans un sauna, tout le monde se retrouve nu dès l'entrée, une serviette autour de la taille, ce qui certes élimine la tricherie - les corps nus ne mentent pas – mais est beaucoup moins sexy. Sans compter la moiteur due à la température et à l'humidité qui peut être propice à la prolifération de certaines bactéries, car il s'agit en fait plutôt de hammams que de saunas, à moins d'une sanitation parfaite et permanente qui existe dans certains établissements mais pas dans tous. Mais ce point de vue n'engage que moi et je dois avouer une certaine dilection pour les grands jacuzzis qu'on y trouve, parfois aussi dans des demeures privées. Ces modèles dits de conversation sont en effet les héritiers des étuves du Moyen-Age, ces grandes baignoires collectives mixtes où hommes et femmes se baignaient ensemble pour se laver mais aussi pour le plaisir, parfois avec de la musique et de quoi festoyer à proximité. Evidemment, s'y passait inévitablement ce qui devait s'y passer, licence que les autorités ecclésiastiques supportèrent de moins en moins jusqu'à provoquer leur déclin puis leur disparition complète à la Renaissance, bien aidés en cela par le rôle prêté à ces étuves dans la propagation de la « peste », c'est-à-dire toutes les épidémies meurtrières de l'époque. Convivial, le jacuzzi est propice à une atmosphère érotique, que ce soit entre personnes de connaissance ou des inconnus ainsi qu'à la séduction et à des approches sensuelles : par des regards au-dessus de l'eau, un pied qui caresse une cheville sous la surface. Les ébats peuvent alors se dérouler dans les pièces à côté, même s'ils commencent parfois dans le jacuzzi en dépit de l'interdiction des rapports sexuels qui y est faite pour des raisons d'hygiène évidentes.

Outre les clubs échangistes et les saunas, qui laissent parfois trop de place au hasard, certains privilégient les soirées privées, mais cela présuppose de faire déjà partie d'un réseau, à l'origine souvent amorcé en club. Pour le développer, beaucoup ont recours aux réseaux sociaux pour des mises en relation comme bien d'autres « tribus » ou tout un chacun pour sa vie professionnelle. A l'abri de pseudos souvent fantaisistes ou humoristiques qui viennent en plus des prénoms du couple, ils permettent de se trouver selon les critères et goûts de chacun et par affinités, puis de converser par messagerie ou par téléphone pour valider l'entrée en relation et la prise de rendez-vous réelle, qui est très impliquante... Il y a deux principaux réseaux sociaux libertins franco-français, deux autres internationaux, très utiles en déplacement particulièrement dans les pays où les clubs n'existent pas et où la pratique est sinon mal vue, du moins très underground. Dans de nombreux pays, les conditions sont en effet « provinciales », ce qui fait que les libertins de ces pays viennent coquiner dans les pays et les villes plus propices, pour notre plus grand plaisir, comme ce beau couple de Baltes avec lequel nous avions conversé géopolitique avant de passer à tout autre chose dans un appartement cosy et discret non loin du quai d'Orsay (mais ce n'était qu'une coïncidence). Avec un moment assez cocasse au beau milieu de la conversation, quand un couple nous fut présenté dont la femme était russe... Personnellement, je n'ai jamais eu recours à ces réseaux sociaux libertins, je suis trop timide pour cela et j'appréhenderai trop de ne pas plaire ou que les personnes contactées ne me plaisent pas. De ce fait, je suis assez épaté par les gens qui ont le cran d'y avoir recours, comme par ceux qui ont recours aux sites de rencontre mainstream pour des relations amoureuses durables. Je n'en ai jamais été et n'en serai jamais capable, même si j'en avais besoin. Il en va de même pour mon épouse, la timidité en moins.

J'en profite pour mentionner le caractère international de la Confrérie, sans qu'il y ait besoin de recourir à ces réseaux sociaux. Certains clubs ou certaines soirées sont propices à ce genre de rencontres et dans ce cas, on se retrouve vite avec un réseau horizontal en partie international. On pratique ainsi beaucoup les langues étrangères dans le milieu libertin et les polyglottes n'y sont pas rares...

Mais entre tous les membres de ce vaste réseau, l'identification reste partielle car elle fonctionne avec des pseudos sur la toile et des prénoms dans la vie réelle, authentiques pour certains seulement, mais l'on ne sait jamais dans quel cas on se trouve. C'est un point commun avec toutes les organisations secrètes et minoritaires quelles qu'elles soient, le but étant la discrétion et la préservation de ses membres. D'une façon générale, le libertin ne cherche pas à percer la véritable identité des confrères, discrétion oblige, d'autant moins qu'il ne cherche pas à établir des relations suivies. Evidemment, si une relation amicale vient à s'installer au-delà du libertinage, ce qui arrive, les personnes concernées découvriront tout naturellement la véritable identité de leurs nouveaux amis et réciproquement, comme dans une relation « normale », mais la discrétion et la séparation entre les deux mondes restera de mise, plus que jamais.

L'asymétrie comme équilibre

Comme dans la vie normale, la relation entre les sexes est caractérisée par l'asymétrie, qui constitue une forme d'équilibre. Les femmes sont les ressources rares, donc les reines, ce qui explique que le modèle économique des clubs libertins et des soirées organisées par des professionnels fonctionne comme suit : les hommes seuls paient le prix fort, les couples et les femmes seules paient symboliquement voire peuvent être invités, pour peu que les femmes ne soient pas en nombre suffisant ou que certaines femmes et certains couples soient particulièrement attirants par leur beauté ou leur gourmandise, qui fera la réussite de la fête. Il est à noter que les femmes seules ne sont pas toujours acceptées dans les clubs, surtout depuis quelques années, afin de ne pas faire courir aux patrons le risque d'une fermeture administrative au cas où il s'agirait de prostituées. En dépit d'une idée reçue, le monde de la prostitution et celui du libertinage ne font pas bon ménage, j'y reviendrai. L'asymétrie se retrouve également dans le nombre de représentants de chaque sexe : jadis, les clubs comme les soirées privées n'accueillaient que des couples, à quelques exceptions près. Cela répondait au souci louable d'éviter d'être importuné par des morts de faim mais constituait un non-sens du point de vue physiologique. En effet, toutes choses égales par ailleurs, un homme baissera la garde et jettera l'éponge toujours bien avant une femme : une femme en forme juste correcte peut mettre à genoux sans difficulté plus d'une dizaine voire plusieurs dizaines d'hommes en une soirée tandis qu'un homme même en forme olympique n'arrivera à contenter une petite dizaine de femmes au mieux et tout au plus, pour des raisons physiologiques évidentes. D'où le développement depuis les années 2000 de soirées dites de pluralité masculine, ou trio ou encore mixte, c'est-à-dire où l'on compte plus d'hommes que de femmes pour rétablir l'équilibre naturel. Le rapport va de deux hommes pour une femme à beaucoup plus, notamment en cas de gang bang.

De ce fait et par un effet ciseaux entre le développement des soirées trio et de la démocratisation du libertinage, les soirées couples sont de plus en plus décevantes, souvent lieux d'un pseudo-libertinage petit bourgeois ou bobo, où il ne se passe rien la plupart des fois sinon du sexe strictement conjugal ou au mieux entre couples d'amis venus ensemble, pour s'encanailler et se donner des sensations fortes sans les assumer jusqu'au bout, puis se donner des airs affranchis et se vanter dans les dîners en ville d'avoir été en club libertin voire se prétendre libertins. Le snobisme passe hélas aussi par là. En devenant « tendance » et branché, le libertinage s'est dégradé. Le pire étant atteint quand un de ces couples vous aborde pour vous expliquer qu'ils sont mélangistes parce que c'est plus « érotique », vous servant ce discours pseudo-intellectuel éculé sur la différence entre l'érotisme (ouiiii !!!) et la pornographie (beurk !) qui montre-en-gros-plan-tandis-que-l'érotisme-suggère et nia nia nia, sans s'apercevoir qu'ils sont en train de dénigrer votre sexualité, ce qui n'est pas la meilleure façon de draguer. Tout en étalant leur ignorance suffisante : la sexualité quelles qu'en soient les formes y compris les partouzes n'est jamais porno, seule la représentation de l'acte sexuel l'est. Erotisme et pornographie ne sont pas deux opposés, ils ne se situent pas sur le même plan, sauf pour ces prétentieux pour lesquels la pornographie, c'est l'érotisme des autres. Conséquences de cette démocratisation voire banalisation excessive du libertinage par les reportages télé au sensationnalisme malsain ou par l'internet, ces pratiques n'ont pas grand intérêt et ces personnes n'ont vraiment rien à faire dans ces lieux où elles ne font que casser l'ambiance ; autant rester à la maison et regarder une vidéo porno. En tout cas, les vrais libertins fuient comme la peste ce genre de soirées. Tout au plus ces soirées permettent-elles à un couple débutant de faire ses premiers pas en douceur et progressivement, avec toutefois le risque d'être déçu par le manque d'action, alors que certaines soirées privées « pluralité » permettent de débuter dans un contexte sécurisant quoique chaud et hard juste ce qu'il faut. Comme je l'expliquerai plus loin, ce constat n'empêche pas qu'il soit parfaitement admis qu'un couple débutant se contente la première fois de regarder ou d'une participation limitée.

Il y a plusieurs chapelles dans la maison du Seigneur…

Les modes de fonctionnement comme les pratiques possibles au sein des couples libertins présentent une grande diversité : certains couples ne sortent qu'ensemble, mais peuvent soit participer séparément à des groupes au sein d'une même soirée ou au contraire ne participer à un groupe que tous les deux ensemble. Tandis que d'autres permettent carrément (voire encouragent…) des escapades de leur conjoint avec un sex friend, évidemment connu des deux membres du couple. Ces derniers dont nous faisons partie sont minoritaires. Lors de nos déplacements professionnels ou lorsque que nos départs en congés sont décalés, nous allons jusqu'à organiser chacun la soirée de l'autre, ce qui suscite des réactions étonnées oscillant entre l'incrédulité, l'admiration, l'envie et la panique. C'est toujours très amusant pour nous, sachant que nous nous racontons tout après. Nous avons maintes fois été confrontés à ce genre de réactions. Deux anecdotes parmi tant d'autres : mon épouse s'était rendue accompagnée à un déjeuner suivi d'une après-midi très chaude lors d'un de mes déplacements, après-midi qu'elle m'avait raconté par le menu le soir même au téléphone. Quelques jours après, nous rencontrons dans une soirée un couple de notre connaissance, qui ayant participé à cette après-midi et vu mon épouse en galante compagnie, ne parvient pas à dissimuler sa gêne. Je les mets aussitôt à l'aise en leur expliquant que je suis parfaitement au courant et d'une tape sur l'épaule du mari qui parle trop souvent boulot : « Je délègue. C'est la clé d'un management efficace, tu devrais être à l'aise avec ce genre de concept, toi ! » La gêne fait alors place à l'effarement le plus total sur leurs visages ! Dans l'autre sens, mon épouse en déplacement ou en vacances quelques jours avant moi me fait inviter à chaque fois à des soirées ou me « livre » à une de nos amies pour sortir, pour que « je sois en de bonnes mains » (sic !). Un jour lors d'un gang bang, au moment où l'hôte me présenta comme « envoyé par son épouse », la tête que firent la dizaine d'hommes présents comme un seul fut inoubliable et à mourir de rire ; il est vrai qu'il n'y avait parmi eux que des célibataires ou des hommes mariés venus en cachette de leur compagne.

Il y a beaucoup d'hommes qui libertinent seuls, soit parce qu'ils sont célibataires, soit, plus embêtant, parce que leur épouse ou compagne ne veut pas en entendre parler ou ne voudrait pas car ils n'ont en fait pas osé la tester. Les plus sympathiques et intéressants peuvent cependant se constituer un réseau de contacts avec des couples ou des femmes. Les femmes libertinant seules sont quant à elles beaucoup moins nombreuses, mais se font un réseau très facilement pour peu qu'elles le veuillent.

On croise également une minorité notable de couples « illégitimes », mariés chacun de leur côté, mais qui libertinent ensemble à l'insu de leur conjoint respectif, ce qui donne lieu à des situations compliquées. Je m'arrête quelques instants sur ces cas qui font toujours un peu peine à voir. A ces personnes en couple mais qui n'osent pas parler de libertinage à leur conjoint de peur d'une réaction négative voire violente, je voudrais dire ceci, qui est le conseil que je donne aux libertin(e)s en cachette de leur conjoint que je rencontre : tant qu'on n'a pas essayé, on ne sait pas. Imaginez le regret si pendant des années, aucun des deux n'a osé aborder le sujet alors que vous ne rêviez que de cela l'un et l'autre. Si jamais vous avez déjà sauté le pas seul sans prévenir votre conjoint, surtout silence, ne vous dénoncez pas bêtement, c'est pour la bonne cause ! C'est encore rattrapable, à moins que vous ne soyez dedans jusqu'au cou depuis dix ans. Ne gâchez pas l'occasion de rattraper le coup et de faire monter votre conjoint dans le train en marche avec vous. Mais comment demander sans blesser ni susciter de mauvaise réaction ? La solution est de lâcher cela au cours d'un moment d'intimité, en pleine action, au sommet de l'excitation commune, en se plaçant du point de vue du plaisir de l'autre. Si c'est l'homme qui fantasme et a besoin de demander, qu'il profite du moment où sa chérie prend son pied en amazone et le chevauche : « ça te plairait d'en sucer un autre en même temps et qu'il te caresse ? » Si c'est la femme, en pleine fellation : « ça te plairait qu'une autre nana partage ta queue avec moi et qu'on se tripote toutes les deux ? » Soit la réaction est : « ça va pas non ? Qu'est-ce qui te prend ? » ou « Je ne te suffis plus ? » Dans ce cas, vous avez l'alibi de l'excitation, vous ne saviez plus ce que vous disiez, vous vous excusez et le sujet est clôt. Les conséquences que vous devez en tirer, c'est autre chose, mais au moins êtes-vous fixé. Ou alors, il y a une ouverture ! A moins d'une énorme chance, ne vous attendez pas pour autant à un « Bonne idée ! On y va demain soir ! Je réserve la baby-sitter pour les enfants. » Surtout la tête froide une fois l'excitation redescendue. Il faudra y aller très progressivement sans brusquer les choses ni brûler les étapes. Ça peut partir de loin, avec le visionnage de vidéos porno (bien choisir : du glamour de préférence hard, mais surtout pas du trash !) ou le besoin de sex toys pour simuler la présence d'une troisième personne et apprivoiser l'idée. Il faudra quoi qu'il en soit de la patience, du temps, qui se moque de tout ce qui se fait sans lui, une écoute attentive et de nombreuses conversations pour qualifier ce dont on a envie précisément, trouver l'accord, puis enfin lever les dernières inhibitions... Vous pourrez alors avoir le bonheur de partager ces moments magiques comme seul le libertinage peut en offrir. C'est tout de même mieux de vivre sa sexualité ensemble quand on est en couple !

Enfin, je connais également un seul cas encore plus rare et curieux d'un couple dont les deux membres libertinent, mais jamais ensemble, dressant ainsi une cloison strictement étanche entre leur couple – strictement privé – et le libertinage. Pourquoi pas ? Un homme charmant en tout cas, dont nous ne connaissons de fait pas l'épouse, mais seulement la maîtresse, qu'il me fit l'honneur de me confier pour le dépucelage avancé en double pénétration ; un moment inoubliable.

Comme dans tous les domaines, tous les goûts sont dans la nature, en termes de physique, d'âge, de nombre, de configuration. J'ai déjà évoqué l'âge nous concernant mon épouse et moi. Sur ce plan, tous les goûts coexistent : des hommes à femmes mûres comme des hommes à jeunettes et vice versa, sachant que pour un être exceptionnel, on peut toujours faire une exception ; des hommes qui souhaitent tout simplement des femmes de leur âge et d'autres pour lesquels ce n'est pas un critère, ces derniers ayant plus facilement tendance que les autres à « tirer sur tout ce qui bouge ». Pour ce qui est des femmes, la cougar n'est pas un mythe et ne constitue pas une espèce menacée, loin de là, mais il en est de plus surprenantes : certaines femmes mûres entre la quarantaine et la cinquantaine n'acceptent que des hommes de leur âge voire plus âgés, non parce qu'un jeune homme les complexerait, mais parce qu'elles préfèrent l'expérience à une fougue désordonnée. Mais cela peut souvent tenir d'une raison cachée, à savoir la gêne de s'envoyer en l'air avec un garçon de l'âge de leur fils, même quand elles ont assez peu de limites. La très classieuse Anne, que je rencontrai à une soirée privée chez un ami, blonde à cheveux courts (dé)vêtue de sa seule guêpière rouge, se retrouva léchée puis directement sodomisée par Votre serviteur après cinq minutes de conversation, avant de se livrer à un festival de doubles pénétrations tout en ayant des prévenances particulières pour les consœurs présentes. Elle continua de m'étonner dans notre conversation d'après l'action, quand elle me déclara éviter les jeunes hommes, trop « chiens fous » à son goût, trouvant les hommes dans la force de l'âge et même mûrs beaucoup plus adaptés, y compris aux pratiques pourtant sportives qu'elle goûtait. Mais elle me surprit encore davantage quand elle avoua également avoir des pudeurs à « s'envoyer un garçon de l'âge de son fils ». Qui l'eût cru en la voyant en action ! Concernant les pratiques libertines dans et hors couple, la diversité est également de mise. Le libertin ou la libertine peut rechercher le sexe « hard », le rough sex, mais pas forcément, il y a aussi des partouzes tout en douceur, on pourrait presque dire romantiques. Comme dans le sexe en couple, les deux existent et ne sont en plus pas exclusifs l'un de l'autre chez une même personne. Donc, si vous êtes tenté(e) par le libertinage mais réticent(e) au rough sex, ne vous inquiétez pas, vous trouverez votre place dans la Confrérie, il vous suffira juste d'exprimer vos goûts, vos désirs et vos limites. Quand on a envie de douceur, de câlins et de tendres caresses, ou tout simplement d'être tranquille une fois les partenaires choisis, en nombre et en qualité, il est tout à fait possible de s'isoler, à deux ou plus et c'est très agréable. Tous les clubs ou presque proposent une à quelques pièces que l'on peut fermer, par une porte, une grille ou une entrée étroite « dissuasive » et permettant de prévenir toute intrusion. L'intensité d'une défonce à l'état brut, le spectacle de l'amour de deux conjoints qui se couvent du regard tout en s'ébattant avec d'autres partenaires au milieu la partouze la plus hard, un moment d'intensité passionnelle partagée avec un partenaire de rencontre, tout cela est également magique.

Le candaulisme pur est fréquent, où l'homme reste habillé et prend un plaisir très cérébral à regarder sa femme se faire prendre par un autre, ou le plus souvent par plusieurs autres, le cas échéant dans tous les sens et par tous les orifices. Par contre, une fois dans l'intimité après la partouze, le face à face du couple est torride, le plaisir décuplé par le débriefing et le fait de pénétrer sa femme encore tout humide et dilatée de ses nombreuses étreintes ; tous ces couples qui m'en ont parlé me l'ont confirmé. Il y a là aussi une asymétrie entre les hommes et les femmes : on rencontre fréquemment des hommes candaulistes, la majorité allant jusqu'à ne jamais avoir au cours des orgies le moindre rapport sexuel ni avec leur épouse ni avec aucune autre femme et même rester tout le temps habillés. Il n'y a par contre pratiquement pas de femmes candaulistes et s'il y en a, elles participent à un moment ou à un autre. Ce rare candaulisme féminin se pratique dans la plupart des cas à trois, l'épouse, son mari et la partenaire. Soulignons que cette asymétrie n'est pas seulement due au candaulisme de nécessité, quand l'homme n'est pas ou plus en état d'être actif : lorsque Monsieur est trop âgé et Madame encore en demande, c'est le meilleur voire le seul moyen de préserver le couple, les hommes invités à satisfaire Madame le faisant ainsi par délégation de Monsieur.

Les ressorts de ce mode de fonctionnement sont complexes. Dans tous les cas, on retrouve une constante : le fait d'être une bête de sexe, mais plus encore d'être le conjoint d'une personne perçue comme telle est très valorisant aux yeux des autres, que l'on soit un homme ou une femme. Les regards admiratifs de ceux qui viennent de passer un moment avec votre conjoint et parfois quelques mots et compliments presque déférents de leur part en disent long là-dessus, le candaulisme en fournit tous les jours la preuve.

Corollaire du candaulisme, une minorité de couples photographie et filme leurs ébats ou plus précisément ceux de l'épouse. Car ce sont la plupart du temps les hommes qui filment et c'est logique : d'une façon générale, les hommes sont voyeurs, les femmes exhibitionnistes, donc tout va bien et les couples pratiquant ce « cinéma » en tirent un très grand plaisir, lors du « tournage » comme après lors du visionnage en privé à deux, tous me l'ont confirmé. Cela n'est pas possible en club, où les portables, appareils photos et autres caméras sont interdits pour des questions de discrétion et doivent heureusement être laissés au vestiaire. C'est donc dans les soirées privées que l'on peut parfois rencontrer ces cinéastes amateurs. Mais dans ce cadre aussi, le respect et la discrétion sont de mise : on demande toujours l'accord des autres invités pour filmer ou non en précisant les modalités, toujours les mêmes, à savoir que le photographe/réalisateur est centré sur son conjoint et ne filme que les scènes dans lesquelles celui-ci est impliqué, ne filme ni ne photographie aucun visage, sauf éventuellement celui de son conjoint, et enfin que les œuvres produites sont réservées au seul usage privé du couple (de toute façon, personne n'y est reconnaissable sauf eux). Donc, pas d'inquiétude si vous redoutez une indiscrétion ou des images compromettantes. Au moindre doute, vous pourrez demander au couple de voir les images et même plus, si vous n'êtes pas à l'aise avec cela d'une façon générale, lui demander de ne pas filmer ou photographier des scènes dans lesquelles vous êtes impliqué(e), requête à laquelle il accédera sans problème. C'est donc une pratique parfaitement saine et innocente à laquelle il n'y a rien à redire. Même si nous ne pratiquons pas cet art en tant que réalisateurs, nous apparaissons dans quelques chefs d'œuvre en tant qu'acteurs mais uniquement nos corps, la plupart du temps en gros plans suggestifs il faut bien le dire. Impossible de nous reconnaître donc, mais c'est plutôt amusant de se voir comme cela.

Beaucoup de couples pratiquant le candaulisme le font de façon tout à fait bon enfant, l'homme contemplant tranquillement sa femme baiser et prendre du plaisir avec d'autres, plaisir décuplé par les tendres regards de l'homme de sa vie, les deux amoureux se prenant la main et échangeant des mots tendres en pleine action. On trouve cependant assez souvent un délicat relent SM ou D/S. Soit c'est l'homme qui livre son épouse et la domine dans un simulacre d'avilissement, allant jusqu'à la photographier ou la filmer en train de se faire prendre ou couverte du fluide de ses amants d'un soir, notamment sur le visage. La dimension SM du jeu est alors patente lorsque la dame est livrée attachée et/ou les yeux bandés et/ou que son mari la couvre d'injures salaces en s'adressant à elle directement ou pire, indirectement, en invitant les hommes présents à « baiser cette grosse pute par tous les orifices » sans ménagement, et à l'injurier eux-mêmes avec en prime quelques fessées ou coups de cravache bien placés. En faire la sanction d'un adultère imaginaire ou simulé est une bonne entrée en matière : « Tu as pris un amant, salope ! Tu veux de la bite, alors ? Eh bien tu vas en avoir ! Trois par trois, allez ! » Soit, moins courant, c'est la dame qui cocufie son époux et l'humilie en s'ébattant sous ses yeux, vantant bien fort le niveau de performance de ses amants d'un soir avec des comparaisons peu flatteuses pour son mari. Le terme anglo-saxon cuckolding (cocufiage) s'applique alors parfaitement. La dame peut aller jusqu'à accentuer l'impuissance de son mari en l'attachant sur une chaise, éventuellement bâillonné pour corser le tableau voire – le cas est exceptionnel - en le soumettant à l'un des hommes qui vient de l'honorer elle, pour peu là encore qu'il s'en trouve un qui ait ce genre de penchants, ce qui reste très rare. En revanche, dans les rares cas de candaulisme féminin, le cuckolding me parait plus fréquent, l'épouse prenant plaisir à être bafouée et insultée, d'ailleurs le plus souvent par la partenaire que par son mari. La configuration où l'épouse s'éclate à regarder son mari s'ébattre avec la bonne copine est de fait plus rare.

La bisexualité, mythes et réalité

Il faut ici aborder le sujet de la bisexualité. Laissons de côté cette mode récente et pour tout dire ridicule de se déclarer bisexuel(le) dans le show biz, cela fait sans doute davantage partie d'un plan média bien huilé que d'autre chose. Dans le milieu libertin, il y a une frontière totalement étanche entre les hétérosexuels et les homosexuels, cela étant valable pour les deux sexes. Si une partie des homosexuel(le)s partouzent, et j'imagine que c'est le cas, ce n'est jamais dans le cadre des soirées libertines mainstream comme je l'ai déjà dit. Les rapports techniquement homosexuels qui peuvent se produire dans ces dernières relèvent en fait de la bisexualité, ce qui n'a rien à voir. Considérons séparément le cas des hommes et celui des femmes, qui diffèrent quelque peu.

Il n'est pas rare d'observer des femmes par ailleurs parfaitement hétérosexuelles s'embrasser et se caresser entre elles, parfois de façon très poussée voire jusqu'au rapport sexuel complet. Si l'on veut bien éviter le poncif selon lequel ce serait sous la pression de leur compagnon pour satisfaire ses fantasmes à lui, il devient évident que c'est d'abord parce qu'elles y trouvent leur compte. Même si elles tirent plaisir de l'excitation voire de la fascination de leur compagnon devant ce spectacle, elles prennent avant tout du plaisir à l'acte en tant que tel. N'étant pas psy, ni « -chiâtre », ni « -chologue » et encore moins « -chanalyste », je me garderai d'avancer des explications scientifiques et définitives, je me bornerai juste à des constats.

Qu'il soit bien clair qu'il y a dans la Confrérie de nombreuses femmes pour lesquelles le contact physique avec une consœur n'est même pas envisageable. Mesdames qui êtes tentées par le libertinage mais révulsées à l'idée de vous faire tripoter par une autre femme, que cela ne vous retienne pas, il vous suffira de dire non gentiment et vous n'aurez que des hommes pour s'occuper de vous ! Gardons-nous de prendre pour argent comptant le fantasme bas de gamme éculé « De toute façon, toutes les femmes sont bi » qui alimente toute une production pornographique déroulant à longueur de bande des créatures toutes plus féminines et sexy les unes que les autres se gouinant sans retenue et sans l'ombre du moindre mâle à l'horizon, jusqu'à en devenir improbables. A titre personnel, je peux trouver le tableau charmant voire excitant si l'une des dames fait partie de mes proches et que je participe : il est incontestablement plaisant de prendre en levrette une dame s'appliquant à lécher l'entrejambe de son épouse lascivement allongée sur le dos. Ce n'est néanmoins pas ma nourriture de base et en dehors de la vie réelle, ça me lasse en moins de deux minutes. D'autres minoritaires pour lesquelles c'est pleinement assumé vont jusqu'à des rapports complets et fougueux – cunnilingus, anilingus, pénétration au gode ceinture –, que les hommes présents soient directement impliqués ou non ; sans pour autant que ces femmes soient lesbiennes. Il ne leur viendrait en effet jamais à l'idée d'avoir un rendez-vous galant à l'extérieur avec une autre femme en tête à tête ou une relation amoureuse avec elle. Ce sont juste des bisexuelles actives.

Entre les deux, on trouve un nombre non négligeable de femmes hétérosexuelles sans équivoque, mais qui peuvent être troublées par la beauté, la sensualité et le grain de peau d'une consœur, la curiosité ne pouvant pas tout à fait suffire à tenter l'expérience. Pour elles, ce sont des baisers, des caresses, plutôt douces sinon timides, les seins étant un point focal privilégié, ce pour une raison que j'ignore : comparaison et évaluation entre « concurrentes » voire prise de contrôle sur l'un de leurs appas principaux, régression ? Je me garderai de me lancer dans une psychanalyse à deux balles. Bisexuelles passives, elles se laissent parfois faire un cunnilingus par une consœur pour laquelle cette tendance est plus prononcée, se laissent aller dans l'excitation à lui écarter les fesses pour l'offrir aux assauts des hommes dont elles guident le sexe dans les orifices de ladite consœur, mais il leur faut la présence masculine à proximité, que l'homme participe ou se contente de tenir la main, caresser les cheveux ou simplement rassurer. Selon une de mes proches amies pourtant complètement étrangère à la Confrérie, accepter un cunnilingus ou d'autres caresses de la part d'une autre femme s'expliquerait par la certitude d'éviter les erreurs de base !... Pour séduisante qu'elle soit, il n'est pas sûr que cette explication soit suffisante... Face à ces bisexuelles passives, les vraies bisexuelles auront sans doute remarqué que si on leur demande à froid avant l'action si elles sont bisexuelles, la réponse sera non. Par contre, si dans le feu de l'action, elles tâtent le terrain en douceur et progressivement, elles auront toutes les chances de parvenir jusqu'aux véritables limites de la dame pour leur plaisir et accessoirement celui leurs compagnons. Le poids de l'éducation peut parfois rendre la chose difficile à assumer pour cette dernière catégorie de femmes, avec des dénis parfois cocasses. Ainsi, une amie qui s'était occupée avec son mari de mon épouse pendant une bonne demi-heure – j'avais juste interféré quelques instants au début pour la « punir » en levrette avec quelques injures salaces bien senties tandis qu'elle léchait avec délice l'entrejambe de mon épouse, avant de les laisser tranquilles tous les trois –, cette amie m'expliqua juste après, le plus sérieusement du monde avec des mots choisis qu'elle n'était pas du tout bisexuelle, mais qu'il lui fallait une atmosphère, une alchimie particulière avec certaines personnes, déjà avoir des affinités avec l'autre femme alors qu'elle pouvait sans problème s'envoyer des hommes sans les connaître, que ma femme était très belle, etc. etc. , alors que je ne lui avais rien demandé sinon si tout s'était bien passé… Et ainsi de suite pendant deux bonnes minutes sans parvenir à être convaincante et peut-être même pas pour elle-même… Ça sentait bon la justification, qu'importe, elle et son mari sont des gens adorables. Egalement, entendu dans une soirée nettement orientée « pluralité masculine » (trois femmes pour sept hommes, ou plutôt l'inverse…) cette déclaration magnifique d'une des femmes bien connue de moi qui en tenait une autre par la taille : « Je ne suis pas bisexuelle, mais j'aime les belles femmes. » Eclat de rire général, je demandai l'ouverture immédiate d'un florilège.

Les hommes s'adonnant à des pratiques bisexuelles sont en revanche beaucoup plus rares, pas tant à cause de la réprobation dont l'homosexualité masculine fait l'objet encore de nos jours. Dans la Confrérie en effet, au point où nous en sommes, nous ne serions plus à cela près comme on entend souvent dire avant de passer à des pratiques particulièrement osées, dans la bouche de femmes le plus souvent. Et puis, beaucoup de choses peuvent arriver dans le feu de l'action… Pour ce qui est de la position des femmes sur ce sujet, celles qui fantasment à l'idée de voir des hommes en action entre eux sont nettement moins nombreuses que l'inverse et une bonne partie ne le supporteraient pas de la part de leur conjoint, mais cela ne suffit pas à expliquer la marginalité de la pratique. L'explication, c'est qu'il faut une attirance purement sexuelle pour les autres hommes, l'esthétique ne pouvant jouer ou seulement dans des proportions négligeables par rapport aux attractions entre femmes. La séduction masculine réside en effet dans la puissance, pas dans la grâce ou la beauté, même quand on est en présence d'un « beau mec », ni dans la douceur. La pratique est donc très minoritaire, s'arrête la plupart du temps à une fellation administrée en compagnie de Madame à un autre homme, parfois « par surprise », et uniquement en soirée privée ; je n'en ai jamais été témoin en club. Que cela aille jusqu'à la sodomie est carrément rarissime. Il est toutefois vrai que certains ont du mal à assumer leur curiosité et à franchir le pas, ce qui se manifeste alors par des mains baladeuses qui glissent au prétexte d'une mêlée générale. Mais quoi qu'il en soit, ils ont besoin qu'une femme leur tienne la main si jamais ils devaient passer à l'acte !

Pour terminer avec la « combinatoire », certains préfèrent voire pratiquent exclusivement l'échange, le trio, la partie carrée, qui constitue une excellente synthèse et le juste milieu entre la sensualité intimiste et l'orgie, la partouze générale, ou le gang bang tandis que d'autres sont plus éclectiques. Je reviendrai sur le gang bang d'ici quelques pages, cette pratique méritant que l'on s'y arrête. Patience !

Concernant la diversité des pratiques sexuelles en tant que telles, je ne les énumérerai pas toutes, ce serait trop long et fastidieux sans apporter à mon propos. Certaines femmes réservent certaines pratiques à leur mari - sodomie, fellation ou fellation avec éjaculation bucco-faciale - parfois de façon cocasse : il n'est pas rare qu'une femme refuse le baiser sur la bouche aux autres hommes avec un air de timidité pudique mais s'adonnent avec eux sans retenue à tout le reste, sodomie, DP, cunnilingus, fellation jusqu'au sperme, soumission poussée... Lors d'une belle soirée où j'avais passé un long moment allongé sur le dos le sexe planté dans l'anus d'une coquine tandis que les autres se succédaient dans sa bouche en gorge profonde ou pour les deux plus hardis me rejoignirent, cette dernière fit juste après une scène à son mari qui venait d'embrasser sensuellement à pleine bouche la troisième protagoniste : « un petit smack, je veux bien, mais pas une grosse pelle, faut pas pousser, quand même ! » Elle était tellement sérieuse et courroucée que personne n'eut envie de rire... Une femme de notre connaissance m'a toujours étonnée : une charmante BBW (Big Beautiful Woman), grande, charpentée et ronde partout où il faut, un profil de médaille toujours souriante sous ses cheveux courts, adorable, mariée à un candauliste pur et dur toujours impeccable en costume-cravate avec gilet et très sympathique au demeurant. Lors de notre première rencontre, elle était venue me voir après le dîner et m'avait planté dans les yeux son beau regard pétillant de malice : « j'ai bien vu que tu me regardais pendant le dîner. Maintenant, tu vas me faire l'amour devant mon mari. » Ce qui fut fait, avec le renfort d'un autre homme. Sauf la sodomie certes, tout le reste, trio, fellations goulues jusqu'à la dernière goutte, double vaginale (mon idée, comme elle déclinait les offres de sodomie, et sa première double !), mais à mon grand désespoir pas de cunnilingus, réservé à son mari. Peut-être la peur d'une jouissance trop intense hors du cadre du couple. A chaque fois que nous nous rencontrons, le même plaisir, mais aussi hélas le même goût d'inachevé pour moi... Les libertins et libertines peuvent également réserver certaines pratiques, celles jugées les plus impliquantes ou à risques, à celles et ceux des consœurs et confrères qu'ils connaissent bien ; et les refuser à des inconnus avec lesquels cela ne les empêchera pas de batifoler.

Pourquoi libertiner ?

Je n'ai toutefois pas encore répondu à la question fondamentale : pourquoi libertiner ? On répondra le besoin de transgression, mais je ne suis pas persuadé que cela constitue le moteur principal pour la plupart d'entre nous. L'adolescence est loin. Rompre la monotonie du couple et raviver la flamme après la fin de la phase de découverte et de passion des débuts, tout en évitant le redoutable écueil de l'adultère ? Peut-être. Goût prononcé pour les plaisirs de la chair ? Sans doute. Mais il s'agit aussi et surtout d'avoir la lucidité de comprendre que l'on ne va pas suffire sexuellement à son conjoint toute une vie et d'avoir la modestie de s'y résoudre, d'accepter le fait que l'humanité ne fasse pas partie de ces espèces pour lesquelles la fidélité sexuelle est inscrite dans les gènes, comme ces oiseaux dits inséparables qui ne refont pas leur vie si leur conjoint meurt. L'être humain est naturellement polygame et polyandre, il serait prétentieux de croire qu'on peut être l'unique objet de désir de l'autre, même quand on est une bombe sexuelle. C'est aussi une forme de reconnaissance de l'autre, qu'on ne considère pas comme un toutou aux désirs et à l'imagination éteints. Sans aller jusqu'à réduire le libertinage à un adultère contrôlé (comment expliquer alors le fait que des célibataires libertinent ?), il est évident que ceux qui s'y adonnent partent de ce constat réaliste, à savoir que l'homme n'est pas fait pour la monogamie ni la femme pour la monoandrie. Le mariage a été inventé pour assurer la stabilité de la société, la constitution et la transmission sécurisée des patrimoines, un cadre harmonieux pour l'éducation et le développement des enfants qui dure plus longtemps chez l'homme que chez tout autre animal et accessoirement une stabilité affective sécurisante pour l'individu, avec l'invention de l'amour exclusif et éternel qui rassure, mais tient plus souvent de la fiction que de la réalité et en le confondant avec la fidélité sexuelle. Et c'est très bien ainsi, il ne faut surtout pas casser cette belle et utile institution. Mais l'être humain n'est intrinsèquement pas fait comme cela ni pour cela, à de rares exceptions près et la fidélité sexuelle n'est maintenue qu'au moyen de contraintes éducatives et d'une pression sociale et psychologique extrêmement fortes… Ou de la soupape de l'adultère, qui est souvent minable, hypocrite et irrespectueux vis à vis du conjoint et en tout cas toujours dangereux. Autant s'y faire dans la joie et la bonne humeur partagée, d'où le libertinage, qui n'est cependant pas à mettre entre toutes les mains, pour les raisons déjà évoquées. Sans quoi tout le monde libertinerait et la pratique perdrait sans doute quelque peu de son attrait : il n'y aurait plus ce dédoublement de la personnalité, cette excitation face à l'inconnu. Le libertinage dans le couple permet donc de concilier harmonieusement la nature humaine profonde et les exigences de la vie sociale. Libertinage et mariage ne sont donc nullement antagonistes, au contraire : le libertinage s'inscrit parfaitement dans le cadre de cette noble institution, pour peu que l'un et l'autre soient intelligemment pensés. Il faut le considérer de façon positive, non comme une défense contre on ne sait quelles menaces : un divertissement ludique à deux, une complicité intense, un secret à deux, un partage d'expériences sortant de l'ordinaire, la fabrication de beaux souvenirs communs ; en somme un plaisir que l'on partage avec son conjoint comme se promener, faire du sport ensemble, discuter dans un salon de thé, aller au restaurant, au spectacle, visiter un musée, voyager ensemble...

Une question à la mords-moi le nœud revient périodiquement : « Faut-il vivre ses fantasmes ? » Avec derrière une explication ratiocinante et vaseuse pour arriver à la conclusion que non, c'est mieux de les garder dans sa tête et qu'il suffit d'y penser pour se faire du bien. C'est inepte, à moins qu'il ne s'agisse de fantasmes criminels et surréalistes comme tirer dans la foule ou violer toutes les femmes qu'on croise avant de les éventrer. Bien sûr qu'il faut réaliser ses fantasmes, le libertinage comme les autres, on est rarement déçu. Et quand bien même on serait déçu, on aurait au moins refermé une porte afin de pouvoir passer à autre chose sereinement et sans regret. Le point un peu délicat, surtout, est de surmonter les inhibitions : il faut juste prendre son temps, être attentif et écouter son conjoint comme soi-même. Convenablement pratiqué dans le respect de ses règles et avec quelques précautions, le libertinage permet la réalisation des fantasmes sans conséquence néfaste, rien que des bénéfices pour votre santé et votre relation à deux.

Le divertissement et les cérémonies

Le divertissement constitue une dimension importante du libertinage, comme en témoignent les soirées à thème. Ce thème peut être musical, faire référence à un pays ou à une époque, etc. Par exemple, les soirées masquées, version libertine du bal costumé, font directement référence au XVIIIème siècle ou au carnaval de Venise. Très connotés, les très beaux et élégants masques vénitiens y remplacent les panoplies de Zorro ou de fée de notre enfance, mais les ressorts psychologiques sont identiques avec en plus l'excitation liée à l'épais mystère entourant sa personne comme celle des autres : l'anonymat est complet, la seule information identificatrice qui subsiste sur les autres est un prénom qui n'est souvent qu'un pseudo, puisque les visages sont dissimulés. On s'amuse beaucoup lors de ces soirées en général très réussies, d'où leur succès, qui tient aussi pour une part à ce que les timides et les réservés s'y lâchent plus facilement que d'habitude. De ce fait, si vous êtes tentés par le libertinage mais que la peur d'être reconnus vous bloque ou que vous ne vous sentez pas à l'aise à visage découvert, vous pouvez faire vos premiers pas à l'occasion d'une soirée masquée ou à défaut vous rendre à toute autre soirée en portant un masque. Dans ce cas, optez pour un masque plus discret qu'un masque vénitien, il y a des loups très élégants, qui passeront très bien tout en calmant vos appréhensions ou votre timidité. Certains clubs en proposent même gratuitement, dont le club éponyme. Les soirées masquées sont parfois dénommées « Eyes wide shut ». L'avantage est que tout le monde comprend que c'est une soirée masquée avec masques vénitiens, mais c'est un faux sens. Même si je ne suis pas sûr d'avoir parfaitement saisi le propos de Kubrick dans sa très libre adaptation de la nouvelle de Schnitzler, le sujet n'en est pas le libertinage, c'est certain.

Le libertinage permet aussi de se sentir vivant, intensément. Quand j'entends mon épouse dire « On n'a qu'une vie ! » ou s'émouvoir des ravages causés par la vieillesse ou la maladie, la soirée promet d'être explosive… Cela dit, une sexualité « conventionnelle » permet à certaines personnes d'atteindre cette plénitude, sauf aux libertins justement, à qui il en faut sinon davantage, du moins autre chose. J'effleure ici pour quelques lignes le sujet de la passion amoureuse, au sens fort du terme, celle qui n'arrive au mieux qu'une poignée de fois dans une vie, parfois jamais, et encore faut-il qu'elle soit réciproque, et dure rarement. Les sensations et les émotions éprouvées lors des relations sexuelles dans ce cadre de la passion amoureuse sont en effet comparables en intensité à celles vécues dans le cadre du libertinage, même si elles diffèrent par leur nature, encore que les « compétences » acquises dans l'un de ces deux cadres soient transposables à l'autre. Ceux qui ont la chance d'avoir vécu les deux sont bénis des dieux. Dans le cadre libertin, cette plénitude est atteinte en tant qu'individu, mais aussi en tant que membre d'un groupe, d'une communauté humaine. C'est toujours un spectacle impressionnant de solennité que de voir plusieurs personnes, ensemble ou non, contempler religieusement et sans un mot un couple ou un groupe en train de s'ébattre. L'atmosphère est celle d'un rite, c'est une cérémonie sexuelle. Si certains spectateurs murmurent trop fort ou pouffent, il n'est pas rare d'entendre alors des « chut ! » courroucés le doigt sur la bouche. Des groupes ne tardent souvent pas à se former dans l'assistance. Le plus souvent, le sérieux des personnes contemplant ce spectacle est saisissant. Le libertinage est un serious game, un jeu sérieux pour adultes, qui vise à créer et à souder un groupe, une communauté autour d'un objet commun, même si c'est à titre temporaire. Sans être exhibitionniste, à peine un peu cabotin, j'aime faire l'amour face à une assistance et paradoxalement plus encore si c'est juste à deux. Si l'on est en forme et que l'on fait de l'effet à la dame, les regards intenses et l'attitude des spectateurs sont très agréables et encourageants : on y lit la curiosité, le désir, l'envie, le plaisir, l'intérêt, toute une palette de sentiments subtils et de messages sans paroles. Peu de choses sont plus érotiques que le regard d'une inconnue habillée qui vous fixe droit dans les yeux pendant que vous faites l'amour à une autre femme, regard que l'on soutient alors pour accepter le contact. Ce contact dégage un flux d'énergie perceptible pour toute l'assistance et pas seulement les deux protagonistes qui se retrouvent seuls au monde. L'un des deux peut finir par se passer la langue sur les lèvres ou envoyer un baiser napolitain en maintenant son regard planté dans les yeux de l'autre, la suite ne fait alors guère de doute. La première fois que cela m'arriva, il était relativement tard, j'étais dans une grande salle en train de m'occuper d'une jeune femme sur grand un lit polygonal depuis un long moment, sous les yeux d'une demi-douzaine de personnes, mon épouse s'occupant un peu plus loin du mari de la dame. Très sensible ou très excitée ou les deux à la fois, ma partenaire gémissait et criait pratiquement sans discontinuer. Je vis alors arriver à l'entrée de la salle une jeune femme accompagnée de son mari plus âgé qu'elle. C'étaient des orientaux, probablement des Iraniens vu leur type physique. La jeune femme me regardait fixement sans détacher le regard même quand elle glissa quelques mots à l'oreille de son mari, un beau regard énigmatique qui ne manqua pas de me troubler. Elle s'avança alors lentement avec grâce, monta sur le lit, prit délicatement la tête de ma partenaire et l'embrassa, puis la repoussa doucement sur le côté, ce qui se fit sans poser problème car cette dernière n'en finissait pas de digérer son dernier orgasme. Sans un mot, la belle inconnue me tendit sa croupe tandis que son mari me donnait une capote :

« Put this condom on and fuck her !» Ce que je fis alors un long moment jusqu'à ce qu'elle s'affale en avant dans un long cri, les larmes aux yeux. Je m'en inquiétai auprès de son mari qui me rassura en souriant : « No, don't worry, she loved it. Thank you very much indeed ! » et il l'emmena blottie sous son épaule, sans qu'elle eut un seul regard pour l'assistance qui n'avait pas bougé depuis tout à l'heure et attendit ce moment pour se disperser. A quelque temps de là, une appétissante quinqua aux cheveux blancs m'avait sollicité pour que je la sodomise directement, ça arrive… Tandis que je m'exécutai, quelques personnes vinrent assister au spectacle, rameutées par ses râles de contentement qui semblaient habituels, ainsi qu'une jeune femme qui vint s'asseoir sans lâcher la main de son compagnon sur la banquette juste en face de nous. Elle nous fixait immobile d'un air timide. Quand j'en eu terminé avec la dame, son compagnon encouragea la jeune femme toute rougissante, puis comme elle restait silencieuse avec un petit sourire nerveux, il prit la parole : « Je crois que Mademoiselle a envie de faire l'amour avec vous. » J'acceptai en leur demandant quelques minutes, le temps de me débarbouiller. Je m'occupai ensuite de la demoiselle qui resta tout ce temps blottie dans les bras protecteurs de son compagnon et sembla fort satisfaite. Je la revis quelques mois plus tard et constatai qu'elle avait nettement évolué, s'occupant de plusieurs queues en même temps, son compagnon la contemplant adossé au mur un peu plus loin.

La quintessence des rapports humains entre adultes

C'est justement par cette plénitude que l'on touche à la raison fondamentale et au véritable but du libertinage qui est la quête de sens, l'exploration et la découverte de soi et aussi des autres, notamment de sa moitié. Même si le libertinage n'est pas incompatible avec la croyance religieuse, il s'agit d'aller chercher l'infini non au ciel mais en soi-même, dans les tréfonds de notre cerveau, de notre cœur et de notre sexualité. Explorer sa sexualité et aussi contribuer à faire explorer la leur aux autres constitue un passionnant voyage dans de vastes contrées enchanteresses et insoupçonnées. Cela peut se faire en « one to one », dans le cadre d'une relation D/S par exemple (je reviendrai plus longuement sur la D/S dans quelques pages), mais le libertinage offre infiniment plus de possibilités : j'ai vu des gens transformés, été à maintes reprises témoin direct voire acteur de la transformation en train de s'opérer, assisté à l'émerveillement de la découverte. J'ai vu des gens enchantés qui n'en croyaient pas leurs yeux de ce qu'ils étaient en train de faire ou de ce qu'ils venaient de faire, dont ils ne se seraient jamais crus capables voire qu'ils ne soupçonnaient même pas que cela existât…

J'avisai un jour une belle femme mûre aux cheveux blonds coupés au carré, à l'adorable bouille ronde, grande et plantureuse, dotée d'une magnifique poitrine très généreuse et naturelle. Elle aime manifestement se montrer, est contente d'être là mais semble inquiète et nerveuse. Je l'aborde, discute avec elle et lui demande avec qui elle est venue. Elodie me désigne son mari accoudé au bar à quelques mètres, manifestement embarrassé qui me fait un petit signe timide et elle me glisse qu'il aime la regarder se faire draguer par d'autres hommes. Je comprends que c'est leur première fois dans une soirée de ce genre, ce qu'elle me confirme. Quand je tente de la caresser, même de façon anodine sur l'épaule ou juste au-dessus du genou, je la sens tiraillée entre le désir et l'appréhension et elle se retire, mais sans rompre le contact. Il faudra une longue et au demeurant très agréable conversation avec elle et son mari pour que les réticences tombent progressivement, et que nous bougions de quelques mètres vers une sorte de confessionnal.

Même si j'y vais doucement, mes caresses deviennent plus insistantes et « placées », sur ses seins, ses fesses et ses cuisses ; je la sens se détendre petit à petit non sans qu'elle jette des regards très inquiets à son mari resté à barrer l'entrée, lui aussi troublé entre son plaisir voyeur et l'angoisse de voir son épouse tripotée par un autre, en attendant pire… Quand je la sens prête, je laisse tomber un coussin par terre, je commence à la lécher ce qui la fait jouir presqu'immédiatement tellement elle est excitée. Je la fait alors mettre doucement à genoux et me déboutonne pour qu'elle me prenne en bouche, tout en lui caressant les cheveux. Son mari est littéralement fasciné et je l'invite d'un geste à lui caresser les cheveux également. Il n'en croit pas ses yeux : « Ça te plait, ma chérie, demande-t-il hésitant ? » Pour toute réponse, elle continue à sucer goulûment. Je la relève alors, la retourne et la fais se pencher en avant et le temps d'enfiler un préservatif, la pénètre sans difficulté tellement elle est trempée. Tandis que son mari lui caresse maladroitement les seins, un autre homme, assez beau mec, s'est approché. Je me penche à l'oreille d'Elodie en continuant à la pilonner et en prenant ses seins, je lui glisse : « Il te plaît, n'est-ce pas ? Alors, prends-le dans ta bouche. » Elle s'exécute, et la voici allant et venant sur nos deux sexes en gémissant sans retenue, complètement désinhibée même quand je lève une de ses jambes pour que son mari n'en perde pas une miette, lui chez qui l'excitation a tout emporté : « Tu te rends compte de ce que tu es en train de faire ? Tu te fais baiser comme une chienne par deux inconnus et devant moi en plus ! Tu aimes cela, hein, salope ? » Elle tressaille alors de plaisir en gémissant. Les émotions se télescopent en lui : « Tu es belle mon amour, je t'aime ! » l'instant d'après. La beauté de ce moment d'intense complicité au sein de ce couple qui vient de franchir un palier est touchante et rend presque anecdotique la double éjaculation que la belle reçoit à genoux sur sa superbe poitrine, bouche bée d'avoir été capable d'aller jusque-là. L'autre homme s'est instantanément éclipsé, je n'ai quant à moi pas l'intention de déranger Elodie et son mari dans les instants magiques qu'ils vont vivre après l'action. C'est en effet une règle de base du libertinage que de respecter l'intimité des couples, aussi paradoxal que cela puisse paraître, surtout quand il s'agit de couples récents et encore dans la phase passion ou récents dans le libertinage. Mais je prends le temps de les remercier, de leur dire qu'ils sont mignons comme tout, un très beau couple et que je suis heureux d'avoir contribué à ce moment de découverte pour eux que je les encourage à savourer en tête à tête. Ils me remercient chaleureusement, manifestement heureux et émus de ce qu'ils viennent de vivre et je les quitte, moi aussi ravi pour eux et touché par cette très belle scène de découverte et d'amour à la fois.

En somme, on retrouve dans le libertinage toutes les fonctions de la sociabilité, augmentées par la particularité du contexte : la découverte des autres et de soi-même, un certain don de soi, l'enrichissement et l'épanouissement mutuel, la coopération, le divertissement et la joie, le libertinage mettant particulièrement en relief et en valeur la personnalité des un(e)s ou des autres. Le libertinage n'est pas une expérience purement sexuelle, c'est surtout une expérience humaine au sens large et c'est cela qui fait sa richesse. C'est en effet un plaisir toujours renouvelé de rencontrer des personnes originales, drôles ou tout simplement sympathiques et particulièrement pour nous les hommes, d'être confrontés à des femmes au caractère bien trempé ou à des timides dont les réactions sont toujours passionnantes dans ces circonstances, les deux n'étant pas incompatibles. C'est la raison pour laquelle celles et ceux qui limitent ostensiblement le libertinage au sexe en bannissant strictement toute autre interaction jusqu'à la parole ratent sans doute quelque chose. Par peur de quelque chose sans doute, par exemple d'un empiétement sur leur intimité ou leur vie sociale « normale », par volonté de dresser une cloison strictement étanche entre eux-mêmes et leurs pratiques. C'est tout à fait compréhensible et louable, mais il n'y a pas besoin d'en arriver là pour se protéger ; savoir ne pas mélanger les genres suffit et permet de profiter pleinement et sans danger de tous les bienfaits du libertinage. Il n'y a même pas de crainte à avoir lorsqu'à la fin d'une partouze intimiste qui s'est particulièrement bien passée, on s'endort épuisés à quatre sur le lieu même des ébats, pour se réveiller le lendemain par des caresses suivies d'un petit déjeuner coquin avant de se quitter ravis et enchantés. Mes souvenirs de ce type sont parmi les plus précieux de ma vie de libertin.

Un parcours initiatique à la recherche de soi-même et des autres

Malgré tout, il vient forcément un moment où la phase d'exploration se termine, encore que la vie puisse toujours réserver son lot de surprises. La sexualité et le dédale junglesque de nos cerveaux constituent un continent immense aux paysages d'une infinie variété et la difficulté d'accès de certaines de ces contrées peut les garder longtemps inviolées et par là-même les rendre plus attrayantes et passionnantes encore. La joie reste cependant intacte, c'est celle de l'accomplissement, renouvelée par la découverte de nouvelles personnes et aussi celle de servir d'initiateur, de guide auprès d'autres personnes encore en phase d'exploration et de découverte d'elles-mêmes. Par-delà le plaisir sexuel, le libertinage est une façon de découvrir le monde extérieur et les autres. Encore maintenant, après des années de pratique plutôt intensive, nous découvrons et apprenons toujours quelque chose de nouveau, à chaque événement, pas forcément dans le domaine de la sexualité en tant que telle, mais dans ce qui est « méta-sexuel ».

C'est également l'intensité de certaines sensations extrêmes qui confère son attrait au libertinage, sensations à la limite de la perte de contrôle voire de connaissance, qui même lorsqu'elles ont été expérimentées, gardent leur pouvoir et leur attractivité intactes. La différence entre ce type de sensations et un moment seulement agréable n'est pas une différence de degré, mais une différence de nature. On se retrouve dans le super-espace et une fois qu'on les aura éprouvées, ce sont des sensations que l'on recherchera toujours. Les façons d'y parvenir diffèrent selon chacun et chacune : frénésie, D/S ou SM, pluralité, sensations multiples simultanées. Dans ce dernier cas, il faut être plusieurs et j'ai quelques magnifiques souvenirs, grâce à des conjonctions particulièrement heureuses, des alignements de planètes pour employer une expression à la mode : des hommes expérimentés et performants, à l'esprit d'équipe et focalisés sur le plaisir de la dame qu'ils ne consentiront à laisser repartir que pantelante, défaite et anéantie par les orgasmes à répétition ; une dame sensuelle et surexcitée, bien décidée à fiche en l'air toutes les barrières et dont le corps tout entier est un semis de zones érogènes, de la pointe des pieds jusqu'au creux des oreilles et à la racine des cheveux.

La magnifique Y., dont je cacherai le prénom suffisamment rare pour menacer son anonymat, était venue pour jouir ce jour-là. Nous étions cinq à nous occuper d'elle, les doubles pénétrations se succédaient et elle suçait goulûment, mais nous avions tous remarqué qu'elle était très sensible de partout, notamment du clitoris (je suis le seul à avoir pu en attester en début de session…) et aussi qu'elle frémissait où qu'on la caressât ou qu'on la léchât : les tétons, le nombril, le creux des oreilles et les orteils, qu'elle avait magnifiques, bien alignés et soigneusement vernis au bout de ses pieds de déesse… Ses escarpins avaient déjà volé et ses bas à très large résille ne dissimulaient rien, elle était donc entièrement nue et tandis qu'elle était prise par ses trois orifices et que son mari lui donnait des petites gifles en remerciement de la fellation qu'elle lui offrait, je portai délicatement à ma bouche un de ses deux pieds, dont je me mis à sucer les orteils avec application jusqu'à les prendre tous dans ma bouche et m'occuper des intervalles. J'invitai ou plutôt ordonnai à l'autre homme disponible de faire de même avec son autre pied et à une femme qui contemplait le spectacle de s'occuper de ses seins pour la faire décoller. Il suffit alors de quelques instants pour déclencher un orgasme d'une terrible intensité qui nous secoua tous, au propre comme au figuré et dont la belle mit plusieurs minutes à se remettre. Quand je lui demandai si cela lui avait plu, je cherchai plutôt l'explication qu'elle me donna : la violence de son orgasme avait des causes autant physiques que cérébrales : l'intensité et la multiplicité de sensations qui l'assaillaient de toute part simultanément, toutes ces mains, ces bouches et ces sexes sur et dans son corps en même temps, qui l'avaient plongée dans la confusion sensorielle la plus totale. La conscience ou plutôt la sensation d'être complètement investie de tous côtés sans qu'une seule partie de son corps en réchappât, d'être engloutie sans le moindre répit, d'être à la merci du plaisir en ayant perdu tout contrôle, comblée dans tous les sens du terme ; c'était tout cela ensemble qui l'avait fait exploser. Nul doute qu'elle aura eu envie de recommencer par la suite et de retrouver ces sensations, comme un rivage enchanteur qu'on a quitté à regret, pour lequel on est prêt aux voyages les plus périlleux pour seulement espérer l'entrevoir de nouveau et dont on ne se lassera jamais.

Si l'on est en un contre une, des caresses particulièrement bien effectuées sur une personne particulièrement réceptive peuvent mener à ce genre d'extase : régulièrement, après avoir mis la dame à l'aise, en échangeant avec elles des mots et des regards créant une atmosphère saturée d'érotisme, un long cunnilingus bien fait avec le renfort vigoureux et précis des doigts parviennent à faire décoller la dame, laquelle, alors prise de spasmes délicieux et terribles tandis que son clitoris a triplé de volume, serre violemment les cuisses par réflexe face à cette sensation trop intense et à la perte de contrôle. C'est à ce moment-là qu'il est bon d'avoir un peu de force musculaire pour l'obliger à garder les cuisses ouvertes quelques instants de plus et continuer ainsi à lui faire subir la caresse à son paroxysme, jusqu'à en faire une femme fontaine dans les cas les plus heureux. Les cris de jouissance sont alors magnifiques, et la redescente, qui peut prendre plus d'une minute, très attendrissante : le halètement, le visage ravagé par l'extase, les cheveux collés par la sueur et les larmes, les yeux embués qui se rouvrent avec un regard hésitant entre le reproche, la pudeur, la satisfaction et la reconnaissance, avec parfois un long câlin de remerciement comme Blandine me l'accorda, cette jeune femme un peu timide venue avec son mari et leur amie commune. A ma question : « Avec laquelle est-il marié ? » la réponse de la bonne amie fusa : « avec les deux. » J'avais méthodiquement et passionnément sucé Blandine pendant une bonne demi-heure dans la cave d'un château, d'abord à la croix de Saint-André où son mari l'avait attachée (impossible de fermer les jambes !!), puis dans le sling[4] suspendu au plafond...

---

[4] *La croix de Saint-André est un accessoire courant de la majorité des endroits libertins, de base dans les donjons. Comme son nom l'indique, c'est une croix en forme de X de 2 mètres de haut environ. Dotée de liens à ses quatre extrémités, elle permet d'exposer la soumise ou le soumis sans défense à ses tourmenteur(se)s (…), côté pile ou côté face. Le sling (harnais), est une structure de lanières de cuir suspendue au plafond, également pourvue de liens qui permet de suspendre confortablement la soumise en position allongée, tous ses orifices se trouvant ainsi offerts aux autres participants qui sont eux debout pour la pénétrer, donc avec les meilleurs appuis...*

Certaines pratiques constituent des découvertes parfois surprenantes, parfois très simples mais auxquelles il fallait penser. Une belle inconnue me chevauchait de face en mode plus dominatrice que romantique, ses mains enserrant mes poignets au-dessus de ma tête, quand tout à coup au comble de l'excitation, roulant des yeux blancs, elle me pinça le nez, me forçant à ouvrir la bouche où elle cracha bruyamment, pour me la refermer d'une énorme gifle que seuls les beaux restes de mes trapèzes me permirent d'encaisser (!...) et son orgasme la submergea, tandis que mon excitation redoublait. Une fois redescendue de son nuage, tout embarrassée : « Excuse-moi, je ne savais plus ce que je faisais... Je t'ai fait mal ? » Je la rassurai d'un grand sourire en lui prenant les mains avec un petit bisou : « Pas du tout, au contraire, je te remercie de m'en avoir donné l'idée. Je ne connaissais pas, mais je le referai, et dans les deux sens ! » Effectivement, quand je sens que les circonstances et les personnes s'y prêtent, j'invite mes partenaires à me le faire : peu refusent, toutes sont intriguées, puis surprises du plaisir qu'elles y prennent. Une ravissante asiatique (ce n'est pourtant pas ma tasse de thé habituellement) au prénom délicieusement vieille France commença par s'excuser de la gifle dont elle surestimait la puissance, puis une fois rassurée sur ma santé, n'eut pas besoin de se faire prier pour recommencer plusieurs fois, ce dont elle tirait de délicieux couinements de plaisir, après avoir minaudé au début : « Je ne suis pas du tout dominatrice, mais plutôt soumise... » Puisqu'on parle de soumise, quand je sens à coup sûr ma partenaire du jour dans ces dispositions et suffisamment expérimentée en la matière, je n'hésite pas à lui infliger ces doux sévices et je ne me suis jamais trompé. En modulant la puissance, notez-le bien, le but n'est pas d'assommer la dame... Cette pratique présente en effet la caractéristique d'être terriblement excitante pour les deux partenaires, probablement aussi du fait de l'étroite connexion hormonale qu'elle crée. Il y a bien un peu de chimie dans tout cela, pas que du romantisme !

Le piment et l'humour

Enfin, au-delà de l'émerveillement de la découverte et du plaisir de sensations physiques intenses, l'attrait du libertinage s'explique aussi non seulement par des ambiances, mais aussi la mise en scène, la scénarisation, le simulacre, le comique de situation sans oublier l'humour qui contribuent grandement à l'intérêt de la chose et la sauvent de la banalité et de l'ennui auxquels la répétition la condamnerait.

C'est bien sûr à la base du D/S et du SM, mais aussi un adjuvant puissant qui contribue à la réussite d'une fête libertine quelle qu'elle soit. A chaque fois qu'une femme soumise ou à tendance dans ce sens arrive dans une soirée, parfois tenue en laisse par son mari sans qu'il s'agisse forcément de SM hard, je m'occupe d'elle, la prends en levrette avec force mots crus et claques sur les fesses (après m'être assuré de son consentement auprès de son maître bien sûr) et à ce moment-là, je lui ordonne de remercier ma femme de bien vouloir que je la baise. Après un « Merci ! » timide, une gigantesque claque s'abat presque immanquablement sur les fesses de la soumise : « Tu dis "Merci, Madame !", sale pute, et fais des phrases complètes ! » On entend alors un gémissement plaintif : « Merci, Madame, de me permettre de me faire baiser par votre mari ! » ce qui provoque sourires, rires et fausses moqueries de l'assistance et je vous prie de me croire que les femmes ne sont pas les dernières, elles-mêmes claquant parfois le cul de la soumise au passage ! Si la dame est bisexuelle, il est alors tout naturel de lui ordonner en la saisissant par les cheveux : « Tu crois que cela va suffire pour la remercier, salope ? Lèche-lui la chatte, et gare à toi si elle se plaint que ce n'est pas bien fait ! » C'est toujours très excitant et pas seulement pour l'affreux qui se livre à de telles horreurs, mais aussi pour l'assistance et surtout la dame elle-même qui souvent jouit à ce moment-là, car tout cela est très cérébral.

J'ai eu le bonheur de vivre cette situation à plusieurs reprises, mais le plus beau souvenir que j'en garde fut celui où les circonstances me permirent de rajouter une pincée de punition et de représailles... J'étais allongé sur le dos, une dame empalée sur moi tandis que son mari la sodomisait, et vis arriver à quatre pattes tenue en laisse une ravissante quadra aux superbes formes, un sourire de béatitude flottant sur son beau visage. Je l'invitai via son mari à venir s'asseoir sur mon visage, ce qu'il déclina en souriant sérieusement : « Désolé, mais ce n'est pas possible, une soumise ne peut faire cela » puis il alla s'asseoir sur le divan à côté et engagea la conversation avec mon épouse, tandis qu'Alexiane s'assit sur son ordre sur le tapis, les fesses sur les talons, les mains au sol, comme une chatte, ou plutôt comme une chienne en l'occurrence. Quelques minutes plus tard, la double pénétration terminée, je m'approchai et d'un regard le mari me signifia l'autorisation de disposer de sa soumise. Je lui infligeai alors tout ce que je viens de vous décrire précédemment, en y ajoutant une dimension punitive pour ne pas m'avoir accordé ce que je lui avais précédemment demandé, l'obligeant à s'en excuser. Les injonctions contradictoires, une des clés du plaisir de la D/S et du SM… A la fin de la soirée, elle se posta dans le vestibule, droite et immobile comme une statue avec son beau sourire dans une attitude hiératique. Tous les convives hommes comme femmes pouvaient prendre congé en l'embrassant à pleine bouche, la pelotant sans retenue avec pour finir une petite claque sur son joli cul rebondi, et personne ne s'en priva.

En dehors de ces scénarios D/S, il est aussi terriblement excitant de converser (habillés) avec une dame bien sous tous rapports et tout à coup, en continuant à la vouvoyer, de changer radicalement de conversation sans prévenir et de lui tenir les propos les plus osés en lui donnant des ordres obscènes comme si on lui demandait quelque chose de parfaitement banal : « Chère Madame, il fait un peu chaud, ne trouvez-vous pas ? Vous devriez vous mettre à l'aise, relevez votre jupe, je vous prie… » puis de feindre la réprobation en découvrant les dessous sexy qu'elle cachait, l'élégante dame BSTR et au-dessus de tout soupçon. « Mais vous portez un slip ? Confiez-le-moi, s'il vous plait, vous n'en aurez plus besoin ce soir… Tournez-vous et penchez-vous en avant, que nous puissions tous admirer votre beau cul de salope. » Et de demander aux autres personnes présentes leur avis, tandis qu'elle prend un air faussement choqué. Puis, si bien sûr la dame réagit favorablement pour manifester son consentement, de brusquement changer de ton : « Vous êtes venue pour vous faire baiser, n'est-ce pas ? Ne vous inquiétez pas, vous ne vous êtes pas trompée d'adresse et vous allez en prendre pour votre grade ! » et devant le « Oh ! » outré et son faux air indigné de dame patronnesse outragée, lui mettre la main à la chatte et lancer à la cantonade qu'en dépit de ses grands airs, elle est déjà toute trempée comme une invitation à s'occuper d'elle, tout en dédramatisant : « Remarquez, cela tombe bien, nous sommes déjà tout durs, jugez plutôt ! » et de prendre alors sa main pour la poser à l'endroit fatidique pour qu'elle s'en rende compte par elle-même. Puis, tandis qu'elle se retrouve à subir les assauts de plusieurs personnes, l'obliger à tenir des propos obscènes et à se traiter elle-même, à dire bien fort qu'elle est une grosse salope, une grosse pute, une chienne et qu'elle aime se faire baiser par tous les trous comme une grosse truie avant de se faire arroser de foutre, les réactions sont alors amusantes. Elles vont des hésitations, de la honte et de la pudeur imposées par l'éducation, qui restent toujours le dernier rempart à subsister et à résister face aux derniers outrages et ne peuvent être surmontées que par quelques bonnes fessées, à la crise de fou rire de la dame en plein milieu de la phrase qui n'en peut plus du cocasse de la situation et du grotesque truculent et outrancier des propos qu'on lui fait tenir, en passant par l'injure vaine, désespérée et gémissante de la femme vexée et vaguement honteuse d'avoir été percée à jour publiquement : « vous n'êtes tous que des gros salauds ! » Les plus lucides s'en tirent en répondant, « non, une petite coquine !... » C'est particulièrement drôle et excitant si on la sodomise, de lui demander : « où se trouve ma bite, chère Madame ? » On n'obtient alors pas de réponse, puis en insistant, un timide « par derrière » ou « dans mes fesses » que l'on s'empresse de faire corriger jusqu'à ce que ce soit sans équivoque et que tout le monde entende bien le « dans mon cul ! » prononcé d'un ton plaintif. Eh bien voilà, vous y avez mis le temps ! Mais la réponse peut venir tout de suite agrémentée d'une voix bien nette, suave et égrillarde si on a affaire à une libertine surexcitée...

Ou alors, quand deux personnes qui conversent le plus sérieusement du monde tandis que leurs conjoints respectifs s'ébattent juste à côté, font semblant de ne s'apercevoir de la situation qu'après un long moment :
- Mais votre femme est en train de se faire prendre par mon mari ! C'est scandaleux ! Quel cochon obsédé ! Il suffit que j'aie le dos tourné cinq minutes. Comment ai-je pu épouser un coureur pareil !
- Oui, Madame, je partage votre indignation ! Mais regardez, il est en train de l'enculer en plus ! C'est vraiment intolérable !
- Ah oui, vraiment ! Inadmissible ! Il ne nous reste plus qu'à faire de même.

En version un peu plus hard, j'ai également vécu ceci : nous étions plusieurs hommes dont le mari à nous occuper de sa femme offerte sur un chevalet, en la traitant copieusement de salope et de pute, notamment pour lui intimer l'ordre de sucer au lieu de gémir et de crier. Je dis alors au mari d'un ton faussement compassionnel : « Comme je vous comprends, ce n'est pas facile tous les jours d'être le mari d'une grosse salope ! Je suis bien placé pour en parler, voyez plutôt ! » et de désigner mon épouse qui prenait du plaisir avec plusieurs hommes sur le divan juste à côté. Mon épouse eut juste le temps de me lancer sur son ton de grande dame indignée : « Je t'en prie ! Qu'est-ce que c'est que ces façons de me parler ? » avant de devoir reprendre la fellation brièvement interrompue. Même l'épouse de mon confrère, sodomisée tandis que je pénétrai sa bouche et cinglai son visage de mon membre ne put se retenir d'éclater de rire.

Les déjeuners et dîners sont propices à des situations très érotiques. Des nappes lourdes et épaisses qui tombent jusqu'à terre, faits pour des caresses discrètes sous la table tandis que l'on devise comme si de rien n'était. Mais parfois, les choses sont beaucoup moins feutrées comme ce jour où une femme à la table à côté de la nôtre commença à branler puis à sucer ses deux voisins de table face à son mari. Manifestement intéressée, elle nous invita mon épouse et moi à les rejoindre. Mon épouse n'ayant pas fini son plat, je passai alors en avant-garde sous l'autre table, tout habillé, un coussin sous les genoux et administrai à la dame un cunnilingus appuyé, tandis que le service et le repas continuaient comme si de rien n'était, sauf la remarque d'une autre dame se réjouissant que pour une fois, ce soit un homme qui passe sous la table ! Seules mes chaussures dépassaient de la longue nappe, ce qui devait ajouter au cocasse du tableau, mais ce fut le volume sonore de la dame qui trahit rapidement ma présence pour toute la salle jusqu'à l'orgasme final que je tins à rendre le plus intense et bruyant possible. J'émergeai alors sous les applaudissements et les vivats de tous les convives. Je saluai alors en m'inclinant aux quatre coins de la salle. Un peu cabot, j'en conviens.

Dans une autre soirée particulièrement réussie, une domina était venue avec son mari, maître également, accompagnés de leur soumise tenue en laisse, proposer des initiations qui pour certain(e)s n'en étaient déjà plus. Tandis que la domina en terminait avec moi, une de ses amies vint lui demander si j'avais été un bon soumis puis me saisissant par le menton me demanda d'un ton sarcastique ce qui me ferait plaisir de sa part, puis les deux ou trois sévices demandés (d'une voix suppliante) plus tard, elle conclut par une magistrale fellation que je subis avec délice, étant toujours attaché. Deux heures plus tard, tandis qu'elle prenait congé, elle fit un détour par la pièce au canapé où j'étais occupé à double-pénétrer une charmante personne avec l'aimable concours d'un acolyte. Elle m'accrocha alors ses bas autour du cou : « Tu as gagné la palme ce soir ! Tiens, voici ton trophée, tu l'as bien mérité, et continue à bien t'occuper de Madame ! Bonne fin de soirée ! » sur quoi elle m'embrassa sensuellement à pleine bouche pour conclure par une belle gifle qu'elle accompagna d'un grand éclat de rire, puis elle s'en alla.

Les mots ont leur importance, l'humour aussi. Au cours d'une soirée, mon épouse était aux prises avec quatre hommes ou plutôt l'inverse, quand celui qui la pénétrait au comble de l'excitation laissa échapper dans un râle :

« Ahhh, salope ! ». Elle lâche alors le sexe qu'elle avait en bouche, se retourne et assène une terrible gifle à l'infortuné en lui jetant un sévère et courroucé « Salope chic, je te prie ! » Silence d'une fraction de seconde, puis éclat de rire général devant le cocasse de la situation et la mine défaite du pauvre jeune homme honteux comme un gamin réprimandé par son institutrice devant ses camarades, que mon épouse achève en lui assénant un « Eh bien, quoi ? Reviens me baiser au lieu de dire des bêtises ! » Sur quoi la bonne amie qui était en train de nous branler son mari et moi sur le divan voisin me glisse très sérieusement à l'oreille : « Oui, T. a raison, ce n'est pas parce que nous partouzons qu'il faut oublier les bonnes manières, tout de même ! » puis ce disant, elle se penche pour enfourner mon sexe dans sa bouche jusqu'à la garde.

Au paroxysme d'une soirée, trois femmes se démenaient avec chacune plusieurs hommes sur le lit imperial size de la chambre nuptiale, certains protagonistes commençaient à évoquer leurs éjaculations prochaines dans des termes plutôt crus et en même temps très précis quant à la destination des giclées. La plus novice des trois femmes, une jolie jeune femme allemande avec un léger accent s'écria de peur que cela n'aille trop loin pour elle : « Ach, pas de giclache ! » la réponse fusa : « Rassurez-vous, il n'y aura ni giclage, ni giclation et encore moins giclure ! » ce qui ne parvint heureusement pas à déconcentrer trop longtemps les participants pris de fou rire. Puisque l'on parle d'allemande, nous avions une autre fois rencontré un beau couple d'Allemands justement, très Frei Körper Kultur, avec lequel ma technique du cunnilingus ainsi que ma maîtrise de leur langue facilitèrent une connivence immédiate. Après une première action et une flûte de champagne, nous eûmes l'occasion de remettre cela dans une pièce beaucoup plus propice avec moins de monde. Ce fut un déchaînement d'obscénités et de mots crus hurlés en allemand pour accompagner l'action, à la grande stupeur des gens qui passaient devant nous. Comme cette femme était d'âge respectable, j'employai à son adresse une expression de politesse surannée et désuète avant la sodomiser tandis que son mari la baisait : « Gnädige Frau » qui signifie à peu près « gente dame », ou mot à mot « gracieuse dame » ; qui se transforma en « Gnädige Sau » une fois double pénétrée, Sau signifiant truie… Elle et son mari en rirent beaucoup après l'action, et trouvèrent ce mot d'autant plus spirituel qu'ils ne l'avaient jamais entendu auparavant, alors que les occasions n'avaient assurément pas manqué.

Enfin, lors d'une conversation avec une amie, une dame de bonne famille, assise entre nous deux mon épouse et moi, je lui demande tout à coup en caressant ses seins par-dessus sa robe :

- Dites-moi, Charlotte, connaissez-vous le film Petite salope soumise pour couple pervers ?

- Non, pas du tout, ça ne me dit rien. Vous savez, je ne suis pas fan de ce genre de cinéma…

- Ça, c'est ennuyeux, car c'est vous qui tenez le rôle-titre et le tournage commence dans cinq minutes…

Je vous laisse imaginer la suite.

Autant voire plus que l'acte lui-même, ce sont les rituels, les situations, les atmosphères, les mots qui donnent au libertinage tout son attrait. Les mots : les mots avant, les mots pendant et les mots après, quand on les prononce, mais aussi quand on ne les prononce pas. Cela va jusque dans les messages écrits échangés lors des invitations : il est apprécié et préférable de lire et d'écrire des correspondances bien tournées, sans outrages à l'orthographe ni à la syntaxe. Le libertinage est un art de la conversation, ce qui explique sans doute que la France soit plus que tout autre pays sa vraie terre d'élection. Quelle belle fabrique de souvenirs aussi, qu'une musique, un parfum, un mets ou un lieu, peut faire ressurgir à la manière de la madeleine, sans prévenir et chargés d'une émotion particulière, parfois bien des années après !

Voilà donc un rapide tableau du monde libertin, de ses protagonistes, de leurs pratiques et motivations dans toute leur diversité. Il faut maintenant faire un sort à quelques idées reçues.

Pour en finir avec les idées reçues

Entretenue par certains psycho-sexologues patentés ou auto-proclamés et certains media, l'image que traînent les membres de la Confrérie dans le grand public n'est pas très positive et encombrée d'idées reçues, c'est le moins que l'on puisse dire. En dépit de l'évolution très et même trop permissive de la société, nous faisons encore l'objet d'une certaine réprobation et de jugements aussi durs qu'hâtifs, peut-être mâtinée d'un sentiment envieux mais soigneusement refoulé. Même si nous autres n'en avons cure, il n'est pas inutile de remettre les choses à l'endroit. Cette réfutation constituera autant d'occasions de poursuivre la description de la réalité du style de vie libertin sous ses multiples facettes.

Des gens normaux, et même mieux que cela

La première idée reçue veut que le milieu des libertins, échangistes et autres partouzards soit un milieu de déjantés, interlope et glauque à l'image des lieux où ils se livrent à toutes leurs débauches. Le lien est évident avec cette vieille idée assez largement répandue dans beaucoup de cultures selon laquelle le sexe c'est mal, ça apporte les maladies, c'est antisocial, c'est tentation diabolique, etc. ; que le sexe hors du contexte conjugal, de la normalité du couple légitime et du but procréatif, c'est délinquant, sale et le fait de marginaux ou de détraqués ; qu'une femme qui aime le sexe est forcément une traînée, voire une malade, comme le décréta le XIXème siècle en inventant la notion de nymphomanie, pour les femmes seulement, bien entendu. Qui a entendu parler du satyriasis, l'équivalent chez les hommes ? Même si cette façon de voir les choses s'est heureusement atténuée, elle reste confortée par une certaine hypocrisie sociale convenue, très répandue encore parmi les adolescents de ma génération, qui voulait que la seule sexualité acceptable fut celle qui put se prévaloir de l'alibi de l'amour.

Or, quel ne serait pas l'étonnement des étrangers à notre milieu de découvrir des gens équilibrés, bien faits de leurs personnes et biens mis, bien élevés, structurés et parfaitement intégrés socialement, avec des situations socio-professionnelles tout à fait honorables voire parfois de tout premier plan, souvent mariés et chargés de familles, qui s'occupent bien de leurs enfants, bref de gens comme tout le monde et même un peu plus. Le paradoxe n'est qu'apparent. Une femme mariée est une certes une épouse et une mère dans la plupart des cas, mais elle n'en reste pas moins femme, avec ses désirs d'épanouissement professionnel et personnel. Les non-initiés peinent à imaginer et même à concevoir qu'une femme puisse être tout à la fois une mère aimante, une épouse attentive, une maîtresse amoureuse et une salope déchaînée, et par-dessus le marché une femme parfaitement intégrée professionnellement et socialement. J'eus pour ma part cette révélation bien avant le libertinage par ma deuxième « conquête ». Le lendemain d'ébats torrides et d'autant moins convenables qu'ils suivirent notre rencontre après moins de deux heures, juste le temps d'un dîner sur le pouce, je la rencontrai promenant dans sa poussette le tout jeune enfant qu'elle baby-sittait, un sourire radieux sur son beau visage. Le contraste me frappa d'abord, prisonnier que j'étais de représentations stéréotypées, avant que je ne me rende à l'évidence. Tout cela n'a pourtant rien d'inconciliable, bien au contraire : c'est tout cela, une femme accomplie et épanouie, comme j'en rencontre à chaque soirée, sans parler de celle dont je partage la vie. C'est un équilibre global, l'alliance et la synthèse des contraires, conjuctio oppositorum. Pour un homme, c'est important aussi, nul besoin de s'étendre, cela paraît plus évident…

Illustration de la force de cette idée reçue, c'est que, dans le regard des nouveaux venus qui sautent le pas malgré leurs appréhensions, on décèle un étonnement soulagé de rencontrer des gens comme eux, qui leur ressemblent et ont tout simplement la même envie de s'amuser et non pas des individus bizarres, pervers et tordus. Nous avons rencontré des couples délicieux, des femmes charmantes et attachantes, et aussi des hommes pareillement, mon épouse n'est pas la seule à le dire, je confirme, même si en dépit d'une proximité (promiscuité ?) assez poussée, il n'y a pas eu de rapport sexuel entre moi et ces hommes, encore que sur une double vaginale ou une double anale, des psycho-sexos à deux balles pourraient évoquer une homosexualité latente sans avoir l'air complètement grotesque !... Je puis ainsi assurer que le libertinage nous a permis et nous permet encore de vivre de beaux moments avec de belles et bonnes personnes et de faire de belles rencontres, que nous n'aurions pu faire autrement pour une bonne partie d'entre elles.

Socialement donc, il y a de tout, comme je l'ai déjà précédemment évoqué. Je pourrais peut-être dire que le positionnement est plutôt « CSP moyennes-supérieures», d'abord du fait qu'il y a un coût non négligeable, qu'il s'agisse de sortir en club, a fortiori pour les hommes seuls, ou d'organiser des soirées et recevoir. J'ai participé à des soirées dans certains lieux qui ne laissent aucun doute sur l'appartenance sociale des hôtes et des protagonistes. Ensuite sans doute pour des questions d'état d'esprit : il faut une certaine capacité de prise de recul pour accepter l'idée de voir sa moitié batifoler avec d'autres et aussi de second degré, cette capacité ne dépendant certes pas seulement du niveau intellectuel et culturel, mais aussi d'autres paramètres tels que la maturité, l'éducation et le caractère : il y a des jaloux maladifs, des possessifs ou encore des prudes dans tous les milieux. Et même s'il n'est peut-être pas complètement faux de dire que « la pudeur est populaire » et que « le sexe, en tant que transgression, va avec le pouvoir et l'argent », il y a des partouzes dans tous les milieux. Je resterai donc très nuancé sur ce sujet. Mais une chose est sûre, ce genre de pratique par le raffinement qu'elle suppose est l'indicateur d'un haut degré de civilisation dans une société. Car le libertinage est un fait de civilisation. C'est la sexualité portée à son plus haut degré d'humanité et qui la différencie radicalement de celle de nos amis les animaux. Même la sexualité de groupe n'est pas forcément du libertinage, il en existe des formes très primitives comme dans le cas où une femme est prise par plusieurs hommes, mais chacun à son tour un par un et vaginalement, ce qui a toujours existé y compris dans les sociétés les plus frustes, même le bled le plus reculé ayant sa « chaudasse » s'adonnant à ce genre de pratique. On ne saurait qualifier cela de gang bang si l'on est puriste. Avant d'être impliqué dans une situation de ce style grand adolescent, j'ai en effet assisté à ce genre de scène pour la première fois quand j'avais huit ans, mais c'était entre… Chats ! Une des femelles que nous avions se faisait prendre tour à tour par cinq robustes matous avant qu'ils ne soient chassés par une voisine névrosée et psychopathe : « Mais arrêtez, c'est indécent ! » Je fus outré que cette vieille vache ait osé déranger ces beaux et sympathiques félins dans ce moment de plaisir et de ce jour, je hais les bigots et les pudibonds ! Mais la petite chatte ne manquait pas de caractère, elle l'avait déjà prouvé un jour en rossant un berger allemand qui s'était aventuré trop près de son territoire, mais aussi un pauvre jeune mâle du voisinage qui n'avait pas su l'honorer alors qu'elle était en chaleur : elle souffla pour moi à l'adresse de la mégère ! Heureusement, l'essentiel était sauf : elle mit au monde de magnifiques petits chatons quelques semaines plus tard… Mais je m'égare, revenons au sujet !

A l'autre bout de l'échelle sociale, les célébrités et les membres de la caste gouvernante : les « 200 familles » ou mettons la dizaine de milliers de personnes qui dirigent le pays : l'économie, la politique, les médias, les arts et la culture, qu'il m'est arrivé de croiser, exceptionnellement il est vrai. Il est logique et compréhensible que si de telles personnes peuvent avoir ce genre de penchants et de pratiques, elles veillent à rester très discrètes et donc entre elles pour ne pas se compromettre, avec sans doute une plus grande liberté pour les artistes, les sportifs et à un degré moindre les journalistes : les quelques personnages publics que j'ai croisés appartiennent à ces trois catégories exclusivement, elles-mêmes ou par leur conjoint, avec parmi elles quelques anciennes célébrités oubliées dont l'heure de gloire est passée, mais qui y ont gagné la liberté… Encore une fois, que l'on n'attende pas de moi de révélations sur des noms, car en plus d'être un des traits fondamentaux de mon caractère, la discrétion est un principe de base du libertinage. Pour ce qui est de la mixité sociale, les frontières sont peut-être plus poreuses que dans beaucoup d'autres domaines de la vie sociale, et encore. Il est logique que les femmes et pas seulement celles qui ont le fantasme du camionneur ou du mauvais garçon, sélectionnent pour ces jeux-là des hommes avant tout pour leur physique et leur endurance, la CSP passant alors au second plan ; il faut juste le minimum d'éducation et de présentation : mieux vaut un jeune militaire sportif, bien bâti et fringant qu'un vieux notable bedonnant et fatigué. Idem pour la race, le fantasme de la « soirée chocolat » n'étant pas rare chez de bonnes bourgeoises bien sous tous rapports et au-dessus de tout soupçon. Néanmoins, sans aller jusqu'à une ségrégation sociale parfaitement étanche, on retrouve dans ce domaine là comme ailleurs la tendance naturelle de l'être humain à l'entre soi, même si le maquereau américain Iceberg Slim, dans ses mémoires que je recommande, écrit que les deux seules choses qui font se mélanger les races et les classes sociales sont la drogue et le sexe... Puisque l'on parle de drogue, je le rappelle : drogue et libertinage ne font pas bon ménage, d'abord du fait du profil des libertins, ensuite de l'impact désastreux des stupéfiants sur le comportement et la performance. Sans compter que les propriétaires de clubs ne veulent surtout pas avoir d'ennuis et encourir une fermeture administrative voire des sanctions pénales. Le libertinage n'est ni la débauche ni la licence. Il n'a pas davantage le moindre rapport avec la prostitution sur laquelle je reviendrai dans quelques instants.

Certains considèrent comme un facteur favorisant non l'appartenance à une CSP plus ou moins élevée mais plutôt à des professions exposées à un certain niveau de stress. Je n'ai pas d'avis tranché sur la question, même si j'ai rencontré un nombre non négligeable de cadres du privé de secteurs très concurrentiels, de chirurgiens et de médecins, d'infirmières, de policiers, d'enseignants et en particulier d'institutrices... Ces dernières très sérieuses avec leurs petits élèves, dont bon nombre doivent être amoureux d'elles ou les vouloir comme maman, très sérieuses également dans les conversations au dîner ou au cocktail sur des sujets aussi graves que l'éducation et l'insertion socio-professionnelle des jeunes, et tout aussi déchaînées au moment de la partouze... J'en ai quelques-unes en tête, avec de délicieux souvenirs de cunnilingus dans le fauteuil du salon, la belle une coupe de champagne à la main, suivis de sodomies et de doubles pénétrations d'entrée de jeu au bar avant de continuer sur les lits, tout de même plus confortables...

On a communément du mal à imaginer une salope en mère de famille et inversement. Et pourtant... Les libertins sont des gens qui protègent leurs enfants et notamment d'une exposition inappropriée à la sexualité, particulièrement la pornographie, dont nous sommes nombreux à estimer anormale la facilité d'accès sur le net ou sur les affiches en grand format on ne peut plus explicites sur les kiosques sur le chemin des écoles. D'une façon générale, la sexualité des parents ne regarde pas les enfants, même si leur curiosité peut être assez vive à certains âges. La seule chose que doit savoir l'enfant et sur laquelle il doit être rassuré, c'est que ses parents s'aiment, un point c'est tout. Que cela passe par le sexe, il en prend conscience bien assez tôt, mais il est impératif de le protéger des détails, surtout des plus scabreux et notamment la pratique de l'échangisme. Du fait du caractère anomal de cette pratique (je dis bien anomal, pas anormal), les libertins ont une conscience particulièrement aiguë de la nécessaire préservation des enfants. Maurice Sachs a brillamment écrit dans le Sabbat que le dogme de la virginité de la mère du Christ est l'invention la plus géniale de l'Eglise catholique, car la pureté de sa mère est un mensonge auquel tout homme veut croire. Y compris et surtout les enfants de libertines ! Pour toutes ces raisons, la probabilité d'ambiguïté inappropriée dans les attitudes et a fortiori d'agression contre des enfants est extrêmement faible chez les libertins, leur sexualité étant ailleurs, fixée sur d'autres objets et largement comblée.

Pour ce qui est de l'apparence physique, j'ai déjà dit que les membres de la Confrérie étaient plutôt beaux, mieux que la moyenne en tout cas. Il n'y a pas que des Adonis et des Vénus, loin s'en faut. Mais ils s'arrangent, font des efforts dans leur tenue et s'efforcent d'être séduisants, les hommes comme les femmes, sont à l'aise avec leur corps, ce qui est tout de même plus facile quand on est bien fait de sa personne. Il y a néanmoins tous les styles, de l'athlète au poète en passant par le bourgeois bien léché jusqu'au rondouillard ; de la sportive à la belle ronde en passant par la longiligne, de la bourgeoise BCBG à la déjantée. Donc, Madame qui êtes tentée mais qu'un complexe physique retient, n'hésitez pas, faites-vous belle dans votre style et vous parviendrez sans peine à trouver des admirateurs et à les séduire telle que vous êtes. Croyez-moi, ce n'est pas un slogan publicitaire éculé, mais la stricte vérité.

Le glamour, pas le sordide

Autre lieu commun, le caractère glauque des partouzes et des clubs libertins et de tout ce qui lié au sexe hors cadre. Par association d'idées, l'image des sex-shops n'a rien arrangé pendant longtemps, échoppes sordides dans des rues miteuses autour des gares, à la devanture opaque, l'entrée consistant en un lourd rideau immonde s'ouvrant sur un vendeur à l'œil torve, avec sa clientèle minable de VRP esseulés rôdant l'âme en peine entre des rayonnages crasseux et clinquants à la fois dans une odeur oppressante d'eau de javel. La transformation de nombre d'entre eux ces dernières années en love stores, aux devantures soignées présentant de la belle lingerie et des sex toys dans d'élégants coffrets, a été la bienvenue, comme ce changement de nom qui n'a rien d'un euphémisme hypocrite, mais vient juste rappeler que beaucoup de couples parfaitement sains et normaux ont simplement envie de pimenter leur relation et de renforcer leur complicité... Pour ce qui est des partouzes et des clubs donc, là encore, cela dépend desquels et il est tout à fait possible et préférable de sélectionner des événements, des personnes et des lieux de qualité. Pour notre part, mon épouse et moi considérons cela comme indispensable. Il nous est arrivé de tester des clubs et d'en repartir assez vite, notamment dans ma région d'origine, à ma grande déception ! Il ne faut pas hésiter à partir dans ces cas-là, surtout si on est débutant. En effet, les partouzes, c'est comme le violon : ça ne supporte pas la médiocrité. Bien joué, c'est mag(nif)ique ; sinon, c'est du crin-crin insupportable. Les partouzes, c'est la même chose : bien fait avec de belles et élégantes personnes dans des lieux magnifiques, c'est magique ; tandis que la moindre touche de vulgarité gâche tout et cela devient désastreux. Une soirée réussie se doit d'être une fête de tous les sens et idéalement de l'esprit : de belles et bonnes personnes arborant de belles tenues et de belles parures, des boissons et des nourritures fines, de la musique, douce, entraînante ou monumentale selon l'humeur et l'ambiance recherchée, de riches conversations, le tout dans un cadre agréable ou franchement féérique. De ce fait, les clubs libertins s'efforcent d'être des lieux accueillants, confortables, cosy et décorés avec goût. Même si certains se fracassent allègrement sur l'écueil du kitch ou du ringard, d'autres sont de véritables écrins propices à la sensualité et au plaisir. A l'instar des boîtes de nuit conventionnelles, les plus beaux sont ceux installés dans des demeures historiques, tandis qu'il s'avère plus difficile d'aménager un bâtiment moderne pour cet usage de façon heureuse. Il n'en reste pas moins vrai que peu d'entre eux parviennent à égaler les magnifiques et improbables demeures où nous avons passé des soirées mémorables, en ville ou à la campagne. Même les caves, propices aux fantasmes les plus troubles par tout ce qu'elles peuvent évoquer de secret, d'enfermement... Même les caves sont toujours très proprement aménagées sans rien perdre de leur cachet.

L'ordre libertin et l'étiquette

Dans le même ordre d'idées, ce milieu passe pour être désordonné, livré aux pulsions et aux caprices. Rien n'est plus faux, ce milieu est des plus normés, peut-être même le plus normé de tous. Il y a une étiquette et des règles de bienséance. Cela commence par le dress code. Les clubs ou les soirées libertines privées sont parmi les derniers endroits où l'on s'habille encore pour sortir : tenues élégantes pour les deux sexes, pas de jean's, ni basket, ni T-shirt pour les Messieurs, tenue sexy pour les Dames, pas de pantalons. Je parle au moins des soirées et d'une partie des clubs en France qui constitue la référence en la matière, certains pays limitrophes faisant davantage dans le laisser aller. Cela fait d'ailleurs la renommée des clubs français, y compris chez les ressortissants de ces pays qui les apprécient particulièrement pour cette raison, ils nous le disent régulièrement. Sexy ne veut pas dire vulgaire, bien au contraire : il s'agit de sublimer la beauté et la personnalité de la femme. Même habillée ultra-sexy, une femme classieuse n'est de toute façon jamais vulgaire, y compris dans l'action la plus hard ; tandis qu'une personne vulgaire sera toujours vulgaire, même en allant acheter son pain emmitouflée de la tête aux pieds. Les comportements aussi sont très normés et fondés sur la correction et le respect mutuel sans lesquels le libertinage est impossible ou bien ne serait qu'une boucherie épouvantable et répugnante, ce qui requiert également une certaine maîtrise de soi : l'approche est codifiée, le système de codes est sophistiqué, même si l'un d'entre eux s'est perdu depuis la loi Evin, qui s'applique de fait aussi dans les lieux privatifs. A cette époque peu ragoutante de ce point de vue où l'on fumait sans arrêt n'importe où et n'importe quand, la cigarette pouvait servir de signal. Si un couple abordé écrasait sa cigarette, c'était bon signe. Si au contraire l'un de ses membres en allumait une, cela signifiait que l'affaire ne pourrait aboutir, mais sans offense. Ce qu'on y a tout de même gagné, c'est qu'on n'a plus l'impression de lécher un cendrier comme c'était le cas jadis avec certaines personnes. Il est d'usage de demander à la personne du même sexe son approbation pour passer un moment avec son conjoint ou encore mieux de s'adresser aux deux en même temps, même si cela se fait parfois tacitement tant l'attirance entre les deux couples ou le couple et la personne solo est manifeste ! Nous avons un souvenir en particulier avec un couple italien magnifique avec lequel un échange de regards suffit, pour tout de suite passer aux caresses puis à l'action qui fut intense, les seules paroles avant l'acte ayant été celles de la dame qui voulut s'enquérir de la bisexualité de mon épouse dans un français hésitant mais savoureusement chantant... Soit dit en passant, les Italiens et les Italiennes ne nous ont jamais déçus !

Le consentement est à la base de tout. L'image des partouzes où « tout le monde saute sur tout le monde » est erronée : tout le monde a le droit de choisir et personne ne doit être contraint contre sa volonté à faire quelque chose avec quelqu'un dont il n'a pas envie. Un refus est sans justification et sans appel. C'est cruel et sans pitié, pourra-t-on dire, mais pas plus qu'une boum d'adolescents après tout. La liberté de choix est totale, y compris les critères ethniques, ce qui ne pose de problème à personne, car l'apparence physique est un critère prépondérant. Dans certains endroits, la règle veut que ce soient les femmes ou les couples qui sollicitent les hommes seuls, mais l'usage majoritaire veut que ce soient les hommes seuls qui tentent leur chance, ou les couples entre eux. C'est un peu dommage, certaines rencontres possibles ne se font pas car beaucoup d'hommes préfèrent ne pas s'exposer au risque d'un râteau, alors que ce serait sans doute plus facile à gérer pour les femmes. En effet, elles détectent beaucoup plus sûrement si elles intéressent ou non un homme que l'inverse et elles essuient de fait beaucoup moins de refus que les hommes, toutes choses égales par ailleurs. C'est même rarissime. Mais surtout, pour exprimer un refus, les hommes sont beaucoup moins brutaux que les femmes, certaines et certains couples dans le milieu dépassant parfois les bornes. Exprimer un refus sans avoir à le justifier est un droit fondamental, être désagréable et désobligeant n'en est pas un. Les hommes seuls même bien de leurs personnes sont déjà dans une situation défavorable, en profiter sans vergogne est abusif en soi, sans oublier qu'il y a quand même besoin d'eux, et pas seulement pour assurer l'équilibre économique des clubs ou soirées organisées. Face à ce genre de femmes et de couples, la meilleure attitude est de ne pas leur accorder la moindre importance.

Une fois l'action terminée, il est d'usage de remercier ses partenaires, de complimenter le confrère du même sexe sur son conjoint (que ce soit sincère bien sûr) et si les circonstances s'y prêtent, d'échanger quelques mots surtout si la phase d'approche n'a pas permis de véritable conversation.

Pour éviter tout impair en couple, je conseille, surtout aux couples débutants, de convenir d'un code discret pour s'indiquer entre eux si un autre couple qui vient les aborder leur plait. Même si l'on se connait bien et notamment les goûts de l'autre, on n'est en effet jamais à l'abri des surprises et rien n'est plus embarrassant que l'un ou les deux membres du couple en face plaisent à l'un d'entre vous mais pas à l'autre. Là où il y a de la gêne, il n'y a pas de plaisir. Comme il est hors de question de mettre à l'écart l'un des membres du couple, ce qui serait déplacé et irrespectueux, a fortiori une fois l'action commencée, il vaut donc mieux ne rien faire du tout dans ce cas, tant pis et pour cela le savoir et décliner d'emblée la proposition avec tact.

L'indispensable consentement

Rien ne se fait sans consentement, exprimé sans équivoque par la parole, le geste ou le regard. De fait, le libertin n'a rien à voir avec un violeur. Le libertinage est une fête des sens et de l'esprit, commence par la séduction ou au moins le désir partagé et constitue une découverte et une reconnaissance des autres personnes. Il vise à l'épanouissement mutuel dans le respect de la dignité ainsi que de la santé physique et mentale de chacun. Le viol est l'opposé et la négation de tout cela ; leurs auteurs ne méritent rien d'autre que le châtiment suprême sans la moindre mansuétude tandis que leurs victimes ont droit à la plus grande sollicitude, à la compassion et à la justice.

Pour bon nombre de libertins dont je fais partie, la manifestation d'un certain intérêt de la part de la femme est nécessaire pour bander. Sans cela, rien n'est possible à mon avis, à moins d'être un mort de faim particulièrement en manque ou un être relativement frustre, mais cela n'engage que moi. Pour solliciter, une main sur l'épaule ou à la rigueur juste au-dessus du genou si on a déjà brisé la glace, accompagnée d'un « Bonjour ! » il suffit alors à la personne sollicitée d'un « Non, merci ! » ou d'un geste courtois mais ferme pour décliner l'offre sans qu'il y ait besoin de la moindre justification. Alors, la personne demandeuse n'insistera pas et n'ira pas plus loin, souhaitant une bonne soirée si elle est bien élevée. C'est vrai même dans le cas où le désir de la dame se porte sur la baise à la chaîne voire l'abattage sans égard. Elle le manifeste clairement par son attitude et l'approche est alors minimaliste, les hommes se présentent le sexe en avant pour le plaisir de Madame, mais il reste des règles : le cavalier de la dame veillera à ce que tout se passe bien, préviendra le cas échéant des pratiques non souhaitées et de ce fait interdites, surveillera l'utilisation effective de préservatifs y compris leur changement en cas de passage de l'anus à l'un des autres orifices, filtrera les participants selon les goûts qu'il connaît de sa dame voire écartera les individus jugés indésirables quelle qu'en soit la raison, laissant la dame se concentrer tout entière sur ses sensations et son plaisir sans avoir à se préoccuper de quoi que ce soit d'autre et s'offrir (à) tous les hommes présents, y compris pour certaines (à) ceux auxquels elle n'accorderait même pas un regard dans la vie courante. Si un nombre non négligeable d'hommes n'ont pas besoin d'être séduits et tirent sur tout ce qui bouge ou presque, les femmes dans ce cas sont moins nombreuses, mais il y en a, et ce ne sont pas les plus laides ni les moins intéressantes, loin de là. L'une de nos connaissances, une belle grande blonde qui met le feu partout où elle passe, est dans ce cas. Je l'ai effectivement vu s'envoyer à la chaîne et simultanément tous les hommes présents sans choisir, dont Votre serviteur à plusieurs reprises, son mari veillant juste à l'hygiène et aux capotes. Quand nous en avons parlé elle et moi, elle me confirma qu'elle ne choisissait pas car elle voulait du sexe à l'état pur et comme corollaire, qu'elle ne voulait pas de séduction, que la séduction vis-à-vis d'elle était réservée à son mari et qu'elle n'attendait surtout pas cela des hommes qui la baisaient au cours des partouzes.

Autant que la vision des choses qui va avec, ce fantasme peut paraître étrange, il est néanmoins parfaitement respectable comme celles qui le réalisent et n'a rien de dégradant pour elles à partir du moment où elles ont choisi de le réaliser en toute connaissance de cause et en pleine conscience. Nous touchons ici sans doute ce qui est le plus difficile à comprendre pour des non-initiés, à savoir les pratiques que le commun juge « extrêmes » et dégradantes ainsi que la façon dont ceux qui s'y adonnent les vivent et les gèrent psychologiquement. C'est toujours un très beau spectacle que d'observer une femme qui découvre que des pratiques « extrêmes », loin d'être dégradantes, sont au contraire épanouissantes par-dessus tout, du moment qu'elles sont désirées, que l'on a en face de soi des personnes choisies, respectueuses et à l'écoute de leurs partenaires. A titre personnel, avec les femmes qui me plaisent et réciproquement, je fais tout et leur donne tout ce qu'elles veulent et rien que ce qu'elles veulent, y compris les mots, les mots crus, les mots doux, pas de mots du tout (ça, c'est plus dur). Je dis bien tout, sauf : la vulgarité, le manque de respect, le manque d'hygiène, la scato et la mise en danger de l'intégrité physique, mentale et morale, la mienne comme la leur. Et aussi la strangulation, active ou passive, cette dernière ayant pourtant beaucoup d'adeptes parmi les femmes (Désolé, Mesdames, mais ça, je n'aime pas et je ne peux pas).

Une pour tous, tous pour une !

Le gang bang constitue une excellente illustration des « extrémités » jusqu'où l'on peut aller dans le respect du consentement et du désir. Pour celles et ceux qui ne sauraient pas de quoi il retourne, n'allez surtout pas consulter un dictionnaire Anglais-Français du millénaire précédent, vous ne trouveriez que le sens originel et un sens dérivé s'appliquant à des contextes beaucoup moins drôles : il s'agit d'abord de l'exécution d'un gangster par une bande rivale dans le cadre d'un règlement de comptes, les membres de la bande encerclant à plusieurs leur rival pour vider leurs armes sur lui sans lui laisser la moindre chance d'en réchapper. Le deuxième sens reste dans un contexte criminel, il faut alors comprendre un viol collectif, une « tournante ». Oubliez ces horreurs.

Dans son sens actuel, il s'agit d'une pratique où une femme se retrouve seule face à de nombreux hommes, au grand minimum trois, mais le plus souvent beaucoup plus, sans aller jusqu'aux records astronomiques de porno stars atteignant jusqu'à plusieurs centaines de partenaires en quelques heures, ennuyeux à mourir y compris pour les protagonistes, cette niche ayant d'ailleurs très vite disparu de l'industrie pornographique. A la différence de la partouze classique qui consiste en une mêlée générale, c'est la disproportion du « tous contre (pour) une » qui est recherchée, aussi pour sa charge symbolique. Vu de l'extérieur, quelle horreur, et d'assimiler cela à un viol collectif où la dignité de la femme est mise en pièces. Le viol collectif est un des pires crimes qui soit, mais la différence est de taille : dans le cas du gang bang, la dame est consentante et même souvent l'instigatrice et l'organisatrice, indiquant ses préférences et ses exigences en termes de participants, de pratiques et le cas échéant de rapport de force : dominatrice ou soumise… Quand elle n'organise pas tout elle-même voire élabore des scénarios parfois très sophistiqués et détaillés, de la classique vente aux enchères à la DRH en charge du plan social. Ces jeux de rôle sont non seulement très amusants, mais ils apportent aussi un piment supplémentaire à la chose… La femme décide également si elle veut son gang bang en mode « défonce » ou si au contraire elle le souhaite tout en douceur et en sensualité, pour le bonheur de sentir en même temps les caresses de plusieurs mains, bouches et sexes sur tout son corps, de la pointe des pieds à la racine des cheveux, de la nuque aux fesses. Ces deux variétés ont leurs adeptes, celles et ceux qui apprécient et pratiquent autant l'une que l'autre sont nombreux, les deux n'étant pas incompatibles. Le bandeau sur les yeux est un accessoire fréquent du gang bang, pour l'accroissement sensoriel très excitant qu'il procure à la dame qui se concentre alors sur les bruits et ses sensations physiques, également parce qu'il peut constituer une protection pour la femme ainsi à l'abri des regards de ses fouteurs et d'un éventuel sentiment de gêne ou de honte, ou encore par le délicat relent de D/S qu'il dégage, la dame se trouvant livrée « sans défense », ce que certaines recherchent. Pour ce qui est du bandeau, un petit conseil au passage : privilégiez un masque de sommeil et de voyage, plus facile à mettre en place qu'un bandeau, qui tient mieux et ne laisse rien filtrer. Noir évidemment, il en existe de très seyants et sexy qui permettent ce détournement de fonction.

Notons au passage qu'il existe aussi d'autres variétés de gang bang plus rares ou auxquelles on ne pense pas spontanément : à part les gang bangs homosexuels qui doivent bien exister tant pour les hommes que pour les femmes, on trouve le gang bang inversé, où c'est un homme qui trouve seul à satisfaire de nombreuses femmes. La citta delle donne en clair... Inutile de dire qu'il faut une sacrée santé et que les dames peuvent vite s'ennuyer faute de bande passante, qu'il s'agisse d'un gang bang inversé conventionnel ou d'un gang bang D/S où l'homme est l'esclave sexuel de femmes déchaînées, encore que cette dernière catégorie soit plus excitante pour l'ensemble des participants. Trois femmes est un bon chiffre dans ce cas, c'est peu, mais le risque d'ennui pour elles est réel au-delà de ce chiffre. J'ai quelques souvenirs d'événements de ce genre, j'en suis sorti ravi, mais épuisé et j'ai bien et beaucoup dormi après... les sensations furent si intenses, jusqu'à me faire perdre la tête, que ma seule crainte après ma première fois de ce type fut de ne plus jamais pouvoir jouir autrement... Heureusement, il n'en fut rien ! Outre beaucoup de plaisir, j'y ai gagné je crois le reste de légitimité qui pouvait me manquer pour parler des gang bangs « classiques » de tous les points de vue.

Si l'on revient au gang bang classique, la femme y est reine, comme dans le contexte libertin pris dans son ensemble mais peut-être davantage encore : c'est très flatteur et gratifiant pour la femme d'être le centre unique sur lequel se concentre tout l'intérêt et l'attention, avec plusieurs hommes pour s'occuper d'elle et rien que d'elle. Elle se sent belle, désirable et désirée à la vue de tous ces hommes aux yeux emplis de désir et aux sexes tendus vers elle. Son regard resplendit du bonheur et de la jouissance de son pouvoir de séduction. Mêlé à un petit peu d'appréhension la première fois au début de la séance, mais qui s'estompe vite dans l'action. Le gang bang peut être organisé spécialement pour une femme qui auquel cas sera la seule femme présente, ce qui peut être intimidant pour elle, ou être spontané au cours d'une soirée pluralité avec plusieurs femmes présentes, auquel cas plusieurs gang bangs pourront se produire au cours de la soirée. C'est selon les préférences de chacune. Dans le premier cas, s'il y a une autre femme présente, c'est uniquement comme « préparatrice » pour mettre à disposition de la reine des hommes bien durs. Une vraie reine antique... Son visage radieux, les soupirs de contentement qu'elle pousse lorsqu'allongée lascivement sur le dos, elle a une bite dans chaque main, celle d'un autre homme derrière elle sur le visage, un autre homme à genoux lui léchant le sexe, deux autres qui lui caressent les jambes ou les seins, avant d'être pénétrée par tous les orifices, ce visage et ces soupirs en disent long sur la joie et la plénitude qu'elle éprouve dans ces moments-là. Objet du désir de tous, la femme choisit ce qu'elle veut faire et avec qui elle veut, tout ce qu'elle veut et rien que ce qu'elle veut, commence par qui elle veut et aucun des hommes ne lui refuse quoi que ce soit et s'applique à la satisfaire. Comme dans toutes les autres situations libertines en général, elle est maîtresse du temps et de cette cérémonie, c'est elle qui mène le jeu, qui dirige tout à sa guise, donne le coup d'envoi, décide des pauses et sonne la fin définitive au grand dam de ceux des participants qui pourraient ne pas être encore rassasiés. Certaines femmes sont même très directives tout au long de leur gang bang... A la fin, quand ayant pris son plaisir, elle fait jouir les hommes les uns après les autres, que ce soit sur son corps, son visage ou dans sa bouche, elle tire là encore une énorme satisfaction de sa puissance, au spectacle de ces hommes qui se consument pour elle les uns après les autres tandis qu'elle reste maîtresse absolue de la situation, allant même parfois jusqu'à lancer un bravache « C'est tout ?... » quand les hommes sont vidés. Son statut est celui de la reine dans la ruche, les hommes sont les abeilles qui sont consommées les unes après les autres. A la fin, il est de bon ton de l'applaudir et de la remercier. Lorsque je participe à un gang bang organisé, j'offre pour ma part systématiquement des douceurs ou des chocolats au début, surtout si la dame vient seule. Cela la détend et installe une atmosphère favorable. Je n'ai jamais osé les fleurs de crainte de faire trop cul-cul, mais j'ai vu des hommes le faire et les femmes concernées en être touchées. La situation de la femme dans un gang bang est comparable mutatis mutandis au statut qu'une légende non vérifiée prêtait jadis aux cardinaux de l'Eglise romaine : elle est toujours puissance invitante, toujours chez elle. Même invitée, c'est elle que l'on remercie et non l'inverse.

La liberté et le respect des limites

Le respect se traduit aussi par la prise en compte attentive des limites de chacun(e). Eh oui, tout le monde a ses limites, même les libertins, même les hommes, même les personnes dites No limit. Pour les pratiques disons « ordinaires », il suffit de manifester par la parole ou le geste que l'on n'aime pas ou que l'on ne veut pas pour que le partenaire cesse aussitôt. Pour les pratiques les plus hard, on se met d'accord avant, en essayant tout de même d'éviter le côté check list avant le décollage qui casserait un peu l'ambiance. Pour le BDSM toutefois, il n'y a guère moyen d'y couper, avec le célèbre questionnaire de cinq pages, qu'on essaie toutefois de remplir avant la rencontre, sachant que l'esclave peut à tout moment mettre les pouces. Tout est donc permis dans les limites du consentement adulte éclairé et sans équivoque, sans oublier le respect de l'intégrité physique, mentale et morale de tous. Si beaucoup de femmes apprécient que plusieurs hommes s'occupent d'elles simultanément mais dans la douceur, un de leurs fantasmes beaucoup plus répandu qu'on ne pourrait le croire est d'être rudoyée verbalement et physiquement lors d'une pluralité masculine : être traitée de salope, de pute, de chienne, recevoir des ordres obscènes dans un langage grossier, se faire fouetter, cravacher, fesser, gifler, cracher dans les orifices, se faire attraper par les cheveux (sans tirer ! Le but n'est pas de faire mal) souvent pour une fellation forcée (faussement, bien sûr), une irrumation[5] ou une levrette sans ménagement, voire de l'urolagnie chez

---

[5] *L'irrumation ou coït buccal (en anglais face fucking) est une forme de fellation au cours de laquelle l'homme exerce un va-et-vient énergique avec son sexe dans la bouche de la femme, souvent jusqu'à l'entrée de la gorge (on parle alors de gorge profonde). Souvent passive, la femme peut être tenue par la tête ou par les cheveux si elle a un goût prononcé pour la soumission, mais elle peut aussi être à la manœuvre et engloutir à son rythme le membre de son partenaire. A pratiquer uniquement si on aime vraiment cela et avec beaucoup de précautions.*

quelques originales. Et encore une fois, cela ne concerne pas de pauvres filles au bout de la déchéance mais des femmes parfaitement bien dans leur peau et dans leur tête, dotées de toute l'estime de soi qu'il faut, qui s'offrent leur délire de façon parfaitement assumée. Car c'est bien d'un jeu et même d'un délire qu'il s'agit, mais c'est un délire normé. Il n'y a pas de la brutalité, mais un simulacre de brutalité, ce qui fait toute la différence. Idem pour les hommes passant entre les mains d'une ou plusieurs dominas. Messieurs, si vous avez le plus petit début de curiosité pour cela, essayez, vous ne serez pas déçus !... Tout cela est convenu et le jeu peut s'arrêter à tout moment si l'un des partenaires se sent mal à l'aise. Dans certains de ces jeux très hard convenus à l'avance, « Non ! » ou « Arrêtez ! Pitié ! Pas ça ! » ne signifie pas un refus, mais au contraire une invitation à continuer décuplant l'excitation en simulant l'arbitraire à la perfection ; intervient alors le mot de passe qui permet de tout arrêter, simple ou double, par exemple « Orange ! » pour faire réduire l'intensité, « Rouge ! » pour faire tout arrêter sur le champ. Mais en cas de bâillon naturel (!) ou artificiel, me direz-vous ? Dans ce cas, un signe est prévu (avec les doigts ou une mimique), et tout s'arrête aussi sûrement qu'avec le mot de passe. C'est vous dire le degré de sophistication. Au-delà de ce code, notamment dans le cas du BDSM, l'un au moins des participants veille attentivement à la moindre réaction préoccupante de l'esclave pour faire tout arrêter si nécessaire. Une fois le jeu terminé, quelle qu'en ait été l'intensité, il est d'usage comme je l'ai déjà indiqué de remercier son ou ses partenaires et même d'entamer ou de reprendre une conversation commencée avant les ébats. Deviser aimablement d'un sujet léger ou plus grave mais en tout cas sans rapport avec le sexe en compagnie de personnes avec lesquelles vous venez de baiser en mode « extrême » en leur déversant les mots crus les plus abominables ou inversement, cela fait partie du plaisir lié à ces pratiques. En même temps que la capacité de prise de recul, Il faut une certaine subtilité pour comprendre et gérer ce second degré. Pour ceux qui en sont incapables, pas de libertinage possible ni même une sexualité pleinement épanouie avec son conjoint. Une conversation lorsque j'avais une petite trentaine m'en avait donné la parfaite illustration. Dans le cadre d'un stage sportif, alors que je discutais avec un jeune d'à peine 25 ans, beau gosse, athlétique et plutôt sympathique de surcroît, j'eus la surprise de l'entendre dire spontanément qu'il fréquentait des prostituées. N'en comprenant pas bien la raison, je lui demandai pourquoi. Il me dit alors qu'il ne pourrait pas attraper par les cheveux sa petite amie et plus tard sa femme et la future mère de ses enfants pour se faire faire une fellation en lui criant « Suce moi, salope ! Aargh ! Aargh !! » (Sic, et de joindre le geste à la parole). Vision des choses probablement liée autant à son caractère qu'à son éducation et à sa culture ; j'en fus désolé pour lui.

De ce fait, le plus grand respect est la règle de base et il y a une très forte pression sociale en ce sens. Un homme qui se risquerait à un comportement inapproprié serait rapidement recadré voire expulsé et définitivement tricard (blacklisté, l'anglicisme étant moins ambigu dans le contexte...). Il m'est même arrivé au cours d'une partouze de me faire rappeler à l'ordre par un autre participant alors que je m'apprêtais à pénétrer mon épouse sans capote, parce qu'il ignorait notre lien. Il s'excusa juste après que ma femme l'eut renseigné et remercié de son attention et de sa délicatesse. Ainsi, les clubs libertins sont les seuls endroits où une femme peut danser lascivement en petite tenue voire entièrement nue en toute tranquillité, sans risquer ni geste, ni parole déplacée ni même un mauvais regard. Beaucoup de femmes en profitent, même certaines qui ne libertinent pas par ailleurs, ce qui ne pose pas de problème si elles restent sur la piste et ne vont pas dans les coins câlins et que les choses sont claires ainsi et sans ambiguïté. On les comprend quand on songe aux boîtes de nuit « normales » pleines de crevards et d'affamés sans contrôle sur leurs hormones où même une femme ni belle ni moche en jean's, baskets et col roulé a toutes les chances d'être importunée pour ne pas dire plus. Pendant toutes ces années, je n'ai jamais vu de bagarre ni la moindre échauffourée en club ; tout juste quelques mots un peu vifs en cas d'incompatibilité ou de frustration d'hommes n'ayant pu parvenir à leurs fins. Tout concourt à créer une ambiance apaisée et sans stress dans les clubs. Même le volume sonore y est supportable y compris sur la piste de danse, ce qui laisse place à la conversation, contrairement aux boîtes conventionnelles.

Le respect s'applique particulièrement aux débutants, se doublant d'une attention bienveillante dans ce cas. Tout est fait pour les mettre à l'aise. Dans les clubs échangistes, la maîtresse des lieux repère immanquablement le couple novice, demande alors avec tact « Première fois dans ce genre d'endroit ? », puis une fois qu'elle a obtenu confirmation, d'expliquer avec douceur le fonctionnement et les règles de base puis de faire la visite guidée de l'endroit en se mettant à disposition des petits nouveaux en cas de besoin au cours de la soirée. Elle n'oubliera surtout pas au moment de leur départ de s'enquérir de leurs impressions. Dans les soirées privées, y compris trio voire gang-bang quand la proportion hommes/femmes est très déséquilibrée, il en va de même. J'en ai été témoin plusieurs fois. Lors de l'une de ces occasions, l'hôte présenta à toute l'assistance un couple dont il annonça en la prenant par la main que la femme, toute rougissante de timidité malgré la cinquantaine d'années qu'on lui donnait, était débutante et invita tous les hommes à être particulièrement délicats avec elle. Puis, avant que la soirée ne soit lancée, il lui offrit la priorité pour choisir les quelques hommes qui lui plaisaient, puis lui réserva pour elle, son mari et les deux élus une alcôve protégée à l'écart. Personne ne songea à venir troubler sa découverte du plaisir de la sexualité de groupe et ainsi mise en confiance, elle re-consomma avec d'autres plusieurs fois au cours de la soirée.

Contre le mélange des genres

On ne fait pas n'importe quoi, pas de mélange des genres. La liberté n'est pas la licence. On se lâche, mais pas n'importe comment. Jamais un libertin ne se permettra de sollicitation amoureuse envers le conjoint d'un autre libertin. De même, dans le monde vertical, les libertins ne sautent pas sur tout ce qui bouge et pas seulement parce qu'ils n'en éprouvent pas le besoin. Dans notre couple, aucun risque que l'un ou l'autre d'entre nous s'amuse à aller batifoler avec tel ou telle de nos amis verticaux, même celle dont tout homme normal rêverait de mettre la coiffure en désordre. C'est une règle de base. Les deux mondes sont étanches dans ce sens-là. Donc, si vous rencontrez un libertin ou une libertine, n'ayez aucune inquiétude (ou espoir inavoué…), il ou elle ne vous sautera pas dessus ni sur votre conjoint d'une part parce que ses besoins sont largement satisfaits ailleurs et que les complications éventuelles en valent d'autant moins la peine. Par contre, des amis horizontaux peuvent devenir des amis verticaux, on a le droit de se découvrir d'autres affinités et centres d'intérêt communs que le sexe, tout de même ! Et dans ce cas, la discrétion vis-à-vis des amis purement verticaux restera bien sûr de mise. Mais le chemin inverse est déconseillé, voire impossible : si des amis verticaux venaient à avoir envie de tenter l'expérience, ce serait sans nous, y compris pour les quelques-uns d'entre eux qui ont connaissance de cet aspect de notre mode de vie. Nous leur donnerions volontiers quelques conseils, mais cela n'irait pas plus loin. Le respect de cette règle va très loin. Un ami vertical mais n'ignorant rien de cet aspect de ma vie me présenta un soir au restaurant Flottes un de ses amis en nous expliquant que nous avions un point commun essentiel et que nous aurions beaucoup de choses à nous dire... Effectivement, le dîner fut assez cocasse, la conversation concerna presqu'uniquement les partouzes, devant la charmante compagne de notre ami, ravissante eurasienne un peu intriguée et une amie commune de longue date quant à elle écroulée de rire, qui avait très occasionnellement pratiqué à l'époque où elle était en ménage avec un Espagnol mais sans pousser l'expérience plus que cela. Ce libertin de longue date mais que je n'avais jamais rencontré auparavant, lui et moi sympathisâmes pour réaliser quelques semaines plus tard que nos enfants fréquentaient la même école. Mon épouse et lui firent donc connaissance à l'occasion d'une kermesse de l'école, en contexte on ne peut plus vertical et notre amitié était donc purement verticale. Et elle le resta, même le jour où, comme il traversait une passe un peu difficile, nous l'invitâmes à sortir avec nous en club en trio constitué. Sans avoir eu besoin de se dire ni de convenir de quoi que ce soit, ils n'eurent aucune relation sexuelle entre eux, mon épouse batifola de son côté, lui et moi du nôtre. Elle ne vint nous voir (rhabillée) qu'ensuite, dans l'alcôve où nous récupérions d'un trio épuisant avec une magnifique ukrainienne et fit semblant de s'indigner de notre tenue -Nous étions allongés nus comme des vers. Cet accord s'était conclu de façon entièrement tacite et cette magnifique soirée ne fit que renforcer notre amitié, alors qu'un dérapage eût irrémédiablement tout gâché.

La règle vaut aussi pour des couples d'amis non-initiés qui voudraient tester le libertinage : si vous êtes dans ce cas, et que vous arrivez au cours d'un dîner un peu arrosé avec un couple d'amis dans le même cas que vous à la conclusion que vous seriez tentés, si je puis me permettre un conseil, surtout, ne le faites pas les deux couples ensemble, que ce soit sur le champ chez vous ou en allant en club ensemble. Vous risqueriez tout simplement de détruire votre amitié. Le sketch de la partouze avec Kad Merad et Valérie Lemercier est désopilant et constitue une impressionnante performance d'acteurs, c'est aussi l'illustration exacte de ce qu'il ne faut surtout pas faire.

On ne mélange donc pas les genres dans notre Confrérie, ce qui est la marque du bon goût et également la façon la plus sûre d'éviter les ennuis. Cela se retrouve jusque dans l'aménagement des clubs : le bar, le restaurant, la piste de danse sont nettement séparés des coins câlins. La prise de contact et la séduction au bar, également sur la piste de danse avec une pincée d'exhibition pour celles que cela tente, le sexe dans les coins câlins.

Dans les soirées privées également, le personnel habillé en tenue circule impassible entre des groupes en pleins ébats en servant boissons et vérines salées et sucrées, annonçant leur contenu d'une voix de tête comme dans n'importe quel cocktail de bonne tenue, cela sans jamais subir une sollicitation déplacée, que ce soit de la parole, du geste ou du regard. Sans compter que cela participe également de l'ambiance si particulière qui fait tout le charme et le sel du libertinage.

Puisqu'il était question d'exhibitionnisme, les clubs et les soirées permettent au passage aux exhibitionnistes surtout les femmes de s'y adonner pleinement sans déranger quiconque et en respectant l'espace public, évitant d'imposer un spectacle inapproprié à des enfants ou tout simplement à des personnes qui ne le souhaitent pas, ce qui là est le fait de pervers. En clubs ou en soirée, ça ne choque personne, tout le monde par principe est consentant au spectacle qui n'est de toute façon jamais imposé de façon agressive ni avec la volonté de choquer, il y a donc toujours moyen de ne pas regarder si on le souhaite.

L'hygiène

Dernier point concernant le respect, mais non des moindres : l'hygiène et la propreté. Il s'agit du respect de soi et des autres, de leur agrément, de leur confort, de leur bien-être et surtout de leur santé. Cela commence par l'hygiène corporelle la plus stricte, incluant la désinfection des mains à la solution hydro-alcoolique, indispensable surtout dans les cas où les dames se font doigter les orifices (ou les hommes aussi, d'ailleurs, certaines fellatrices expertes se flattant de contrôler ainsi l'érection et les éjaculations…). Elle est de mise bien sûr avant l'événement, mais aussi pendant et après. A la fin de l'action, il est d'ailleurs de bon ton de proposer aux dames mouchoirs en papier ou lingettes pour qu'elles puissent se débarbouiller avant d'y penser pour soi. Une seule exception, quand dans le cadre d'un jeu DS, le mari arrête ce geste de prévenance de la part des hommes qui viennent de baiser sa femme, refusant à sa femme l'autorisation de se nettoyer et lui imposant ainsi de rester souillée de foutre, mais c'est toujours temporaire, rassurez-vous !... Le libertin et la libertine se doivent d'être d'une propreté impeccable, ils se douchent donc soigneusement avant la soirée, toilette intime comprise évidemment, mais aussi entre chaque action, car on transpire facilement dans ces circonstances. Certaines femmes adeptes du plaisir anal intense vont même jusqu'à s'administrer des lavements au préalable afin d'éviter les pertes, dont elles seraient d'ailleurs plus gênées que les hommes s'occupant d'elles. Corollaire de la propreté, sentir bon. C'est valable pour les femmes, mais aussi pour les hommes et personne ne moquera un homme parfumé en considérant cela comme un manque de virilité, au contraire. Il arrive que des femmes refusent un partenaire dont l'odeur corporelle ne leur convient pas, ou a contrario soupirent après l'action : « il était beau et performant, mais surtout, comme il sentait bon !... » Les ongles doivent également être soigneusement coupés et limés de façon arrondie afin d'éviter les angles vifs de façon à prévenir toute lésion, notamment en cas de doigtage. La capote est bien sûr obligatoire pour toute pénétration anale ou vaginale, en dehors du couple « légitime ». Pour la fellation, certaines femmes l'exigent, d'autres pas, ces dernières constituant la majorité. Celles qui aiment les éjaculations bucco-faciales peuvent accepter le sperme dans la bouche de la part d'autres que leur conjoint, ou alors demander qu'on les prévienne pour fermer la bouche et les yeux et ne prendre que sur le visage, pour autant de plaisir mais un risque qu'elles estiment moindre. C'est la base dans une partouze, tout libertin(e) s'aligne sur les exigences d'hygiène du ou de la partenaire qui a les plus élevées : si une femme refuse de se faire doigter, pas de doigté ; si une autre n'accepte qu'avec les doigts dans une capote ou un gant de latex, alors on s'y conforme. En ce qui concerne le cunnilingus et l'anilingus, à partir du moment où ils sont acceptés, contact direct en général ; cela ne se fait pas avec n'importe qui. J'ai bien entendu parler de préservatif féminin mais je n'ai pas la moindre idée de ce en quoi il consiste ni à quoi il ressemble. Le changement de capote est de rigueur à chaque changement de partenaire, également au passage d'un orifice à l'autre, surtout dans le sens anus vers vagin comme je l'ai déjà indiqué. Nous appartenons à la génération capote même si nous avons eu une petite fenêtre de tir pour débuter notre vie sexuelle sans, donc l'emploi de la capote ne nous gêne pas. Certains peuvent être perturbés et perdre l'érection en mettant la capote, stressés, trop fébriles, déconcentrés par cette manœuvre qu'un peu de technique suffit pourtant à rendre neutre, qu'il s'agisse de la mettre soi-même ou de se la faire enfiler à la bouche, mais cela seulement par de trop rares expertes. Une infime minorité trouve que cela casse tellement l'ambiance qu'ils vont jusqu'à des plans bareback (ne pas confondre avec barbaque, encore que... expression anglaise signifiant monter à cru, je ne vous fais pas de dessin…), c'est-à-dire sans capote et sous réserve de présentation d'un test HIV qu'on espère valide. Cela a un côté cascadeur qui n'attire pas grand'monde y compris dans le milieu, le risque encouru étant disproportionné par rapport au bénéfice retiré… Aller encore un peu plus loin peut-être et « dépasser ses limites » comme on dit dans le monde des winners ? Le jeu en vaut-il la chandelle ? Le but du libertinage est l'épanouissement et la santé, pas la prise de risque, la maladie ni la mort et encore moins le suicide… Mais ce point de vue n'engage que moi et je n'ai pas à juger la prise de risque assumée par d'autres. La santé est une préoccupation centrale et la règle non écrite qui veut qu'on s'abstienne de participer à un événement lorsque l'on est malade est strictement observée, qu'il s'agisse de MST ou de quelque maladie que ce soit. Comme de faire des tests de dépistage régulièrement, ça va de soi.

La place de la femme : reine ou victime ?

Une autre grande idée reçue porte sur la place de la femme, qui serait asservie au désir masculin dans un univers par essence macho, tout entier centré sur les fantasmes sexuels masculins. C'est ce qu'on lit sans arrêt sous les plumes de journalistes et de sexologues-thérapeuthes autoproclamés et de féministes néo-puritain(e)s qui parlent avec componction des fantasmes masculins, d'un univers dominé par l'homme, régi par les « codes du porno », de l'échangisme « sexualité extrême » et autres fariboles… Ces gens ne sont que des sous-journalistes qui ne savent pas de quoi ils parlent.

D'abord parce que nous les hommes ne sommes que des enfants face à elles, des petits garçons. Quand je regarde mon épouse s'apprêter avant une soirée, se maquiller, s'habiller et se parfumer, elle dégage un air de sérénité, celle d'un sportif ajustant méthodiquement son équipement dans le vestiaire ou d'un soldat aguerri qui fourbit calmement ses armes, avec l'assurance tranquille de qui persuadé de sa supériorité, sait qu'elles lui assureront la victoire. La soirée sera bonne de toute façon. Pour nous les hommes, la sérénité n'est jamais aussi totale car rien n'est jamais certain : nous ne sommes jamais à l'abri d'une petite forme, de pannes ou de râteaux ou d'une assistance féminine tiède et hors de l'ambiance… Ce sont bien elles qui dirigent ce monde souterrain. Nous autres mâles sommes à leur service et non pas l'inverse. Cela est patent dans nombre de soirées, où l'on voit des hommes pas forcément candaulistes rester habillés sans toucher à aucune des femmes présentes, se contentant de couver des yeux leur dame de cœur s'ébattant avec les inconnus qu'elle choisit. Même des femmes physiquement quelconques voire moins que cela sont assurées de trouver un ou plusieurs hommes qui leur plaisent et qui s'empresseront de satisfaire tous leurs désirs. Pas sûr que l'inverse soit vrai. Comme dans la vie normale en somme.

Dans l'action, les femmes ne sont pas en reste. Encore aujourd'hui, je reste épaté par ce dont elles sont capables. Il suffit d'avoir assisté à un concours de salopes organisé par les femmes elles-mêmes pour s'en convaincre, comme ce jour où nous étions trois couples (mariés !) avec une dizaine d'hommes célibataires. Nous discutions tranquillement par petits groupes autour d'un verre, quand l'une des femmes lança tout à coup : « Les filles, si nous faisions un concours de salopes ? » « Chiche ! » répondirent les deux autres en chœur, et d'entraîner les hommes sur le grand lit dans la pièce à côté, l'instigatrice tirant elle-même un homme de chaque main, l'un par la cravate, l'autre par le ceinturon. En moins d'une minute, ce fut un déchaînement orgiaque mémorable :

- C'est moi la plus salope, proclama l'organisatrice !
- Non, c'est moi, s'écria la deuxième malgré les deux sexes qu'elle boulottait, pénétrée par un troisième et pelotée de toute part.
La troisième voulut les mettre d'accord :
- Vous rigolez ? C'est moi !
Et d'inviter l'un des hommes qui l'entreprenait à l'enculer directement.

L'orgie ne cessa qu'une fois tous les hommes à plat, sur un no contest comme on dirait en boxe, à l'instar d'une ancienne émission télévisée musicale d'enfants chanteurs qui se terminait invariablement par une égalité parfaite, personne ne voulant départager les trois concurrentes qui finirent toutes premières. Je ne dirai pas laquelle des trois était mon épouse… Non, mais !

Dans le même style, lors de la conversation en fin de dîner entre couples en attendant l'arrivée des hommes célibataires, l'une des femmes semblait ailleurs et vaguement agacée. On s'en inquiéta, elle répondit alors d'un ton impatienté : « C'est quand, le lâcher de salauds ? »

Je le répète, elles sont chez elles, nous ne sommes que les invités et ce sont elles qui sonnent le début et la fin des jeux et festivités au gré de leurs

désirs. Ce qu'elles veulent, elles le prennent, le reste elles le laissent ; le tout
à leur rythme. Certaines ethnies où ce sont les femmes qui demandent les
hommes en mariage ont tout compris et n'ont fait que calquer leurs
institutions sur la réalité naturelle. Le but est le plaisir et la jouissance
féminine, ce qui fait que l'homme doit savoir tenir, également se retenir
pour honorer longtemps sa partenaire, et aussi plusieurs partenaires. Sans
être anéjaculateur, j'ai la chance de pouvoir tenir longtemps et de me
retenir. Je n'éjacule que lorsqu'une femme manifeste le désir de jeux de
sperme, pour le recevoir sur ses fesses ouvertes, ses seins, son visage ou
dans sa bouche. Sur un plan purement physique et mécanique[6], mon plaisir,
je le connais, il m'intéresse donc assez peu. Un chatouillement agréable
pendant une quinzaine de secondes, et puis c'est tout, même si certaines
fellatrices expertes m'ont parfois fait défaillir et perdre la tête pour
m'expédier dans le super-espace surtout si je n'avais nulle part où
m'accrocher. Le plaisir féminin est infiniment plus intéressant, plus beau,
plus subtil : il monte, il redescend, remonte plusieurs fois ainsi jusqu'au
moment où il explose, où la femme part complètement et perd le contrôle,
submergée par cette force surgie du fond d'elle-même, se contracte, serre
les jambes autour de la tête, de la main ou de la taille de l'homme dans un
effort désespéré face à cette force trop intense, roulant des yeux blancs, et
toutes les barrières des convenances ayant volé en éclats, ose les gestes les
plus inavouables et scandaleux, hurle les paroles les plus passionnées
comme les plus inconvenantes, à faire rougir même celles dont c'est le
métier[7], jusqu'à ne plus devenir qu'un râle. Quand la frénésie sexuelle
s'empare de la femme, le spectacle de cette force qui se déchaîne et déferle
en emportant tout sur son passage est terrible et magnifique, davantage
encore quand on se trouve pris dans le tourbillon. Même après des années
de pratique, la terreur sacrée qui s'empare de nous devant la puissance
sexuelle féminine a quelque chose de surnaturel. Rien n'est plus beau. A
partir du moment où une femme qui me plaît consent, je lui donne ce
qu'elle veut, tout ce qu'elle veut, rien que ce qu'elle veut, les seules limites
sont les siennes ; et il en va de même pour la plupart de mes confrères.
Nous sommes à leur service. Il est difficilement contestable que la société
occidentale du XIXème siècle organisait la sexualité autour de la famille

---

[6] *Sur le plan cérébral, c'est autre chose…*
[7] *Ces derniers mots sont un emprunt à un chef-d'œuvre de notre littérature, sous la plume de Valmont.*

mais aussi du plaisir de l'homme, la femme n'ayant là qu'un rôle de complémentarité subalterne voire ancillaire de le servir, le bordel étant emblématique de cet état de choses. Nous n'en sommes heureusement plus là aujourd'hui, et il n'est pas totalement farfelu de penser que le libertinage contribue significativement à permettre aux femmes d'acquérir la pleine maîtrise de leur sexualité, enfin centrée sur leur plaisir à elles, tandis que les hommes se trouvent dans ce domaine ramenés à un rôle plus en adéquation avec cette nouvelle donne, et c'est tant mieux.

Je n'aspire en effet qu'à une chose : être admis à ronronner aux pieds des déesses de ma vie sexuelle. J'accepte avec ravissement ce statut secondaire, car telle est la loi de la Nature. Il me faut évoquer une magnifique figure féminine celtique, méconnue et hélas défigurée par les versions christianisées des vieilles légendes, qui en ont fait un nième avatar du vieux mythe rebattu de la femme pécheresse et tentatrice par la faute de laquelle le malheur s'abat sur le monde, à la base de toutes les religions du Livre et qui explique une bonne partie des exactions dont les femmes sont régulièrement victimes à travers le monde et à travers l'histoire : Guenièvre, l'épouse du roi Arthur, qui par ses amours adultères avec le chevalier Lancelot précipite le Royaume dans le chaos. En fait, Gwen Ifar, le blanc fantôme, dont la forme moderne a donné Jennifer (qui n'est donc pas à l'origine un prénom d'actrice de série TV américaine), reprend un archétype celtique archaïque, la déesse Medbh. Dans la mythologie celtique, cette reine s'attire les services des meilleurs guerriers du royaume en leur offrant « l'amitié de ses cuisses » (sic), sans que le roi son époux ne s'en offusque. En effet, il règne, mais c'est elle qui représente la souveraineté et assure par cette pratique la sauvegarde et la pérennité du royaume. Comment ne pas songer, plus près de nous, à cette grande femme d'Etat européenne, la grande Catherine II de Russie !

Le dress code pour le plaisir

Oui, les pantalons sont « interdits » pour les femmes dans les clubs échangistes et inappropriés dans les soirées privées. Concédez qu'une robe ou une jupe sont tout de même plus sexy et adaptées à ce genre de circonstances. Qu'en pensent d'ailleurs les premières concernées ? Pour en avoir parlé avec bon nombre d'entre elles, même si un tailleur pantalon peut être terriblement sexy à la ville, pas une ne songerait à mettre des pantalons pour une soirée libertine : elles aiment en effet à la fois les belles tenues et mettre en valeur leurs attributs. Elles sont plutôt exhibitionnistes, ce qui n'est nullement péjoratif. Ça tombe bien, nous autres hommes sommes plutôt voyeurs. Pour leur confort, les clubs offrent à celles qui le souhaitent la possibilité d'arriver « en civil » et de se changer sur place en toute tranquillité ; il en va évidemment de même dans les soirées privées. La métamorphose qui s'opère alors est féérique : Cindarella, step into your shoe ! Les femmes peuvent ainsi aussi bien arriver déjà « en tenue », avec juste leur manteau à enlever (certaines sont alors plus nues que nues dessous), en tenue de ville – sexy élégante ou pantalon chaussures plates – avec la tenue de sport dans le sac ! Une bonne partie d'entre elles sinon la majorité change de chaussures sur place, pour des questions de propreté. A part cela, la liberté est totale, notamment pour les dessous. Avec ou sans culottes, avec ou sans bas (en tout cas jamais de collants), avec ou sans porte-jarretelles. Ce dernier se fait très rare depuis de nombreuses années, car s'il reste très esthétique et affriolant, il n'est pas très pratique ni confortable dans les actions les plus intenses. Parmi ses inconditionnelles, j'en ai quelquefois croisées de novices ou d'étourdies qui le mettaient par-dessus le string. Touchant... Pour ce qui est de la culotte, il y a deux écoles, les avec et les sans, encore que certaines femmes soient partagées. Pour celles qui en mettent une, le string a complètement détrôné le tanga que l'on rencontrait encore il y a une dizaine d'années, ce qui est dommage car le tanga sublimait encore mieux les beaux postérieurs rebondis, mais bon, du moment que le string est échancré et met en valeur les hanches et la taille. Celles qui ne mettent pas de culotte le font pour un motif pratique, entrer plus rapidement en action, ce qui prive quand même de l'érotisme de l'effeuillage voire du plaisir sensuel d'humer les yeux fermés les délicates effluves d'une chatte déjà humide ou de juste écarter le fil du string sans l'ôter pour accéder à l'intimité de la dame et y glisser un doigt, la langue ou carrément la bite... L'autre motif des sans-culotte est pour ne pas l'égarer, qu'elle se perde vraiment, ce qui est possible dans les recoins obscurs d'un club et les espaces entre les banquettes et les matelas ou qu'elle soit « volée » par un fétichiste, ce qui arrive, ou encore échangé par erreur avec une consœur. Mais il se trouve des femmes pour réaliser la synthèse en enroulant leur string autour de leur poignet au moment de l'action, ce qui est en fait en plus un bracelet de dentelle tout à fait seyant !

Oui, hommes et femmes dans ce milieu ont dans leur immense majorité le sexe épilé, qu'ils laissent ou non une toison soigneusement taillée au-dessus (le « ticket de métro » étant une des variantes possibles pour les femmes). Cela fait plus soigné et esthétique, c'est plus hygiénique et surtout plus respectueux pour les partenaires. Se retrouver avec un poil sur la langue n'a rien de très plaisant, et les odeurs retenues par des poils touffus ne sont pas des plus agréables. Grand amateur de cunnilingus, je pense que j'aurais un peu de mal à sucer un clitoris en me frayant un chemin à travers une broussaille mal tenue. Je respecte cela dit le goût prononcé de certains pour les chattes poilues. Réciproquement, j'ai déjà vu plusieurs fois des femmes refuser un rapport avec un homme pour cause de pilosité mal entretenue. Par contre, qu'on arrête la psychanalyse de comptoir qui explique doctement que le goût pour les sexes épilés relèverait de la pédophilie. C'est insultant et diffamatoire. Ou alors d'expliquer que ce sont « les codes du porno », encore eux ! L'industrie pornographique a tout simplement pris acte que les toisons mal entretenues des années 70 et début 80 n'étaient pas du goût du public, c'est tout. Sous les bras, je ne vous en parle même pas. Et pour ce qui est des rapports entre libertinage et pornographie, je ne suis pas sûr que les libertin(e)s en soient les plus gros consommateurs car ils en ont moins besoin que les autres.

Qui entraîne l'autre ?

Il me faut aussi tordre le coup à ce mythe éculé de la femme « pauvre épouse trainée là par son sale vicieux obsédé de mari ». Cela procède de la même veine que le poncif selon lequel les femmes seraient de pauvres petites créatures fragiles, rebutées, effarouchées et terrorisées par le sexe, qui n'y consentiraient que par amour ou par devoir envers leur mari, qui comme tous les hommes est bien sûr un gros dégoûtant obsédé. Une expression affreuse synthétise ce poncif : le devoir conjugal ; poncif également illustré par le conseil que les mères de l'époque victorienne auraient donné à leurs filles pour la nuit de noces selon la légende : « Fermez les yeux, et pensez à l'Angleterre ! » ou cette injonction : « On ne touche pas une jeune fille, même avec une rose. » la rose étant pour rappel la fleur de la Vierge... Et encore, même par amour, cela leur coûterait terriblement. Quelle blague ! Qu'il y ait eu besoin de donner du sexe une image inquiétante pour éviter les conséquences dramatiques de certaines relations hors mariage pour la société, la famille et les individus eux-mêmes à certains moments de l'histoire où la contraception n'existait pas et où la transmission du patrimoine liée à la filiation était primordiale, soit. Que c'étaient les filles et leurs familles qui payaient les pots cassés en cas d'écart, soit. Mais il est absurde de transformer une contrainte conjoncturelle en religion, dans ce domaine comme dans tous les autres. Le contrôle de la fécondité et la prévention des maladies vénériennes devraient changer ces perceptions, mais nous n'y sommes pas encore tout à fait.

Comme je l'ai déjà évoqué, cette sacralisation excessive et dans le mauvais sens, cette idéalisation tout ensemble de la sexualité, de l'amour et du sexe faible (faible, mon œil ! Beau, je veux bien !) est malsaine et préjudiciable à des relations apaisées et adultes entre les sexes, que l'éducation encore aujourd'hui ne favorise pas. La base reste un mélange de naïveté chevaleresque puérile et de pudibonderie petite bourgeoise XIXe siècle qui conduit à une dramatisation excessive que la « libération » soixante-huitarde n'a finalement pas vraiment arrangée, avec des avatars aussi divers que la mercantilisation à outrance du sexe et un certain féminisme néo-puritain. Régulièrement, le « retour de la fidélité » revient comme un marronnier, avec l'idée que la fidélité et l'exclusivité sexuelles seraient une voire la seule preuve d'amour. Qu'il soit permis d'en douter. A notre époque, dès l'adolescence, les relations entre les sexes étaient encore très malsaines, caractérisées par la méfiance au lieu d'être fondées sur le respect mutuel. Nous les garçons/hommes étions des brutes obsédées « ne pensant qu'à ça » face à ces pauvres petits êtres fragiles et effarouchés que sont les filles qui ne pouvaient se résoudre au sexe que par amour et encore au prix d'un sacrifice considérable. De ce fait, les jeunes hommes se retrouvaient souvent sevrés du fait de ce supposé/imposé déséquilibre complet entre offre et demande, qui n'était pas la règle pour les homosexuels, chez qui l'offre et la demande sont toujours équilibrées et se rencontrent facilement ; tant mieux pour eux ! Mais les femmes étaient à peine plus enviables, avec peu de marge de manœuvre entre passer pour des coincées ou des traînées : comme elles étaient décrites comme de pauvres petits être fragiles et sensibles que le sexe terrorise, celles pour qui ce n'était pas le cas et assumaient avec générosité et sans hypocrisie leurs nombreuses conquêtes le payaient, en étant dénigrées avec une violence inouïe : traînée, Marie couche-toi-là, catin, fille facile – expression horrible et qui ne veut rien dire –, qui couche à droite à gauche, celle de tout le monde, tout le monde est passé dessus sauf le train, garage à bites, nympho, salope, pute, etc. ; tout en étant tout aussi ardemment désirées, le summum de l'indiscrétion, de l'hypocrisie et de la violence étant atteint lorsqu'un homme se valorisait devant ses amis en se moquant en des termes insultants d'une jeune femme qui lui avait le fait cadeau d'un moment d'intimité qu'il n'avait pas refusé ! Cela était d'autant plus injuste que les hommes aux nombreuses aventures étaient dans le même temps encensés : homme à femmes, séducteur, Dom Juan, tombeur, chaud lapin, etc. L'hypersexualité chez les femmes était ainsi perçue comme immorale ou pathologique (nymphomane) voire les deux, mais pas chez les hommes ! Outre que cette vision des choses était profondément injuste pour les femmes et les gênait pour s'assumer, notamment celles qui aiment vraiment le sexe et n'en sont pas moins parfaitement respectables, elle empoisonnait les rapports entre les sexes. Certains ont encore de nos jours tellement de mal à concevoir et surtout à accepter qu'une femme puisse assumer librement sa sexualité, qu'ils considèrent qu'une libertine est forcément consentante à tout et n'importe quoi avec n'importe qui et donc en libre-service. Grossière erreur, que j'ai vu une fois un type commettre en lançant à une femme qui venait de décliner ses avances et souhaitait prendre sa douche en paix, à la limite de la grossièreté : « Tu es là pour ça, non ? » Mal lui en prit, il fut expulsé sans ménagement.

Au milieu, celles qui restaient discrètes, prenant toutefois la précaution de « ne pas coucher le premier soir » ou pas avant « trois mois pour être sûre qu'il m'aime » (Pourquoi pas deux ou douze ou quarante ?). A l'autre extrémité de l'échiquier, mis à part celles qui se tenaient résolument à l'écart de tout cela, celles qui se comportaient comme des garces et des allumeuses, ce qui peut causer de gros dégâts surtout à l'adolescence et durablement dégrader la perception des femmes chez certains jeunes hommes. Il y a ici une autre asymétrie et différence de traitement dans l'autre sens tout aussi inacceptable : un homme qui déclinera les avances d'une femme ou la quittera est a priori un salaud, tandis qu'un homme repoussé, largué ou qu'une garce fait marcher est la risée de tous et de toutes.

Ces représentations se retrouvent dans le langage, qui n'est jamais neutre : se (la) faire, tomber (transitif), céder, y perdre quelque chose (pour la jeune fille, bien sûr), prendre, posséder alors que jusqu'à preuve du contraire, ça se fait (au moins) à deux et qu'il s'agit avant tout de donner. Autant d'expressions lourdes de mauvais sous-entendus qui ne disparaîtront que lorsque la sexualité aura vraiment été dédramatisée pour être considérée comme ce qu'elle est et doit être : un mode de relation sain et naturel qui permet d'atteindre ensemble le plaisir et le bonheur.

Mais nous n'en sommes pas encore là : ces représentations se manifestaient et se manifestent encore dans le comportement de certaines femmes au physique ingrat qui compensent en parlant de sexe en termes crus et surjouent, prétendant se livrer à des pratiques hard pour ainsi aguicher les hommes, alors qu'il suffit de quelques soirées libertines pour constater que ce sont globalement les plus belles qui sont les plus hard. Ce sont également ces représentations dommageables qui ont longtemps été à la base de la vogue des « livres érotiques écrits par des femmes » et fait fonctionner le marché, les « femmes qui écrivent des trucs érotiques » constituant l'argument de vente imparable : ces choses… si osées, inconvenantes, insoutenables… écrites non par un gros dégueulasse frustré comme vous, mais par une femme, vous vous rendez compte ? Et en plus une intellectuelle, ou une bourgeoise… Ou mieux encore les deux à la fois… Frisson dans les chaumières… Fascination un tantinet envieuse du commun pour la créature inatteignable qui parvient à concilier l'inconciliable, fascination pour le paradoxe même si celui-ci n'est qu'apparent. Cette fascination stupide a constitué un inépuisable filon pour le marketing permettant de promouvoir des œuvres à la qualité variable allant du chef d'œuvre au médiocre, ce jusqu'à récemment, quand la vidéo porno et internet sont venus détrôner l'écrit, pour le meilleur mais aussi pour le pire… Encore que les Anglo-Saxons aient récemment osé l'affligeant Fifty shades of Grey, d'une banalité consternante, mal écrit, et qui plus est complètement inutile depuis Histoire d'O, il y a près d'un demi-siècle, qui au moins était l'œuvre d'un vrai écrivain, une en l'occurrence. Mais pour ce qui est du marketing, bravo, tous les petits bourgeois du monde occidental l'ont dans leur bibliothèque. Cela se base sur la profonde incapacité à intégrer le fait qu'une femme de qualité peut aimer le sexe et n'en rester pas moins parfaitement estimable, également que cela est pleinement constitutif de sa personnalité et non pas la manifestation de moments d'égarement ou d'une quelconque pathologie. Le Mommy porn dont l'ouvrage précédemment cité relève tend aussi à accréditer l'idée selon laquelle les femmes apprécieraient des choses « plus subtiles » que les hommes, comme l'illustre la vogue récente du « porno pour femmes ». Même si la façon d'appréhender le sexe et surtout ses représentations diffèrent entre les hommes – plus voyeurs – et les femmes, il est permis d'en douter : qui n'a jamais vu une femme regardant un porno de Rocco zapper les préliminaires pour sauter directement aux scènes de pénétrations et défonces en tous genres ? En outre, cette vision des choses tend à opposer une supposée sexualité pour hommes à une supposée sexualité pour femmes, alors que la sexualité, hétérosexuelle du moins, est par essence la rencontre des désirs des hommes et de ceux des femmes. Cette vision ressemble furieusement à un nième avatar de la guerre des sexes qui se rallume pour des raisons et desseins obscurs. De grâce, évitons cela, pour plutôt œuvrer à des rapports pacifiés entre les sexes ou en tous cas plus adultes, rapports que l'on trouve dans le libertinage où l'asymétrie naturelle entre les sexes n'est pas un drame mais un fait intégré et accepté, les hommes comme les femmes étant parfaitement à leurs places respectives.

Ces représentations trompeuses maintenant démystifiées, on peut en finir avec le mythe de la femme « pauvre épouse trainée dans une partie fine par son sale vicieux obsédé de mari ». Tous les cas de figure sont possibles. Le cas majoritaire est heureusement une décision mûrie et prise en commun, ce qui donne les meilleures chances de succès, à condition de se mettre bien d'accord dans les détails, sur ce qu'on fera, ce qu'on ne fera pas et de commencer doucement.

Deuxième cas, où la première soirée à l'initiative de l'homme confirmera que la femme n'est pas intéressée, auquel cas il ne se passera rien et cette première soirée sera aussi la dernière ; le mari n'ayant d'autre choix que de remiser son fantasme ou le vivre seul ou avec une autre partenaire s'il peut en trouver une, avec toutes les conséquences que cela peut avoir sur le ménage. Quelques essais supplémentaires sont possibles pour se donner une nouvelle chance, si d'aventure on était mal tombé la première soirée, mais si la femme n'est vraiment pas intéressée, le dénouement sera le même et on en restera là.

Mais la femme peut être à l'initiative des premiers essais aussi bien que l'homme. Ce troisième cas est un peu plus rare, mais dans ce cas, l'homme doit bien se préparer : il y a quelques années, une jeune Sud-Américaine, tout petit bout de femme mais volcanique, expressive voire sexuellement agressive était montée sur le lit où nous étions trois hommes à nous occuper de deux femmes. Elle se trémoussait lascivement en se passant la langue sur les lèvres avec des gémissements sans équivoque. Nous avons alors commencé à nous occuper d'elle sous les yeux de son mari habillé, qui avait eu du mal à la suivre dans les salons, manifestement très tendu et inquiet. Comme elle réagissait bien et semblait s'y plaire, je lui demandai à elle si elle voulait « dar por el culo » (se faire enculer). « No !... El culo, no !... » gémit plaintivement le mari qui venait d'entrer en mode panique. Trop tard, la chica se retrouva en double pénétration en ondulant vigoureusement de la croupe et fit part à toute l'assistance de ses orgasmes devant son mari désespéré : « Ah si ! .... Si ! Folia me ! Mas, mas ! »

Mais même quand on se trouve dans le cas prétendument le plus fréquent, ce qui reste à démontrer, c'est à dire l'homme qui a bassiné sa femme pour tenter l'expérience du club échangiste ou de la soirée privée, on peut avoir de drôles de surprises et voir se jouer une variante inattendue de l'apprenti sorcier. Combien de fois ai-je vu au cours d'une première, Madame, d'abord réticente, puis se détendre progressivement, agréablement surprise de voir autour d'elle des hommes élégants, prévenants et bien élevés, flattée de leur plaire, sourire sous les compliments et les premières caresses. Puis, ainsi émoustillée, commencer à se lâcher tandis que son mari, déjà vaguement inquiet tout à l'heure au bar des regards concupiscents sur sa moitié, tout à coup affolé se déballonne et tente désespérément de la tirer hors des coins câlins, mais trop tard... Pour ensuite assister impuissant dans tous les sens du terme aux orgasmes à répétition de son épouse sous les assauts de plusieurs hommes pour la première fois, voire les caresses d'une consœur pour couronner le tout ; puis s'engueuler avec elle une fois le jeu terminé, vexé d'avoir été pris à son propre jeu et incapable d'assumer, par jalousie et surtout mortifié de n'avoir pu participer. En effet, un débutant ou un homme jaloux, surtout dans ce genre de contexte anxiogène car inhabituel pour lui, peut être inhibé par la promiscuité de mâles en confiance à l'érection triomphante face à sa compagne et se retrouver incapable de bander malgré son trouble. Au mieux, l'expérience ne sera pas renouvelée, au pire Madame y prendra goût au point d'y revenir seule ou accompagnée d'un amant recruté pour la circonstance et le divorce ne tardera pas à suivre. Encore une fois, ce type de sexualité ne convient pas à tout le monde. Personne ne peut vivre sans amour, sans sexe, sans câlins, sans caresses, sans tendresse. Mais tout le monde n'a pas besoin de partouzes, qui peuvent même être néfastes pour certains. Voir son conjoint s'ébattre avec un autre voire plusieurs autres partenaires serait insupportable et insoutenable pour beaucoup, hommes comme femmes. Je déconseille vivement à quiconque de tenter l'expérience sans y avoir mûrement réfléchi et longuement discuté à deux, en fixant des règles et des limites mais par-dessus tout, je déconseille d'y aller pour de mauvaises raisons : par bravade, pour suivre la mode ou pire encore, pour résoudre un problème de couple, les conséquences ne pourraient être que désastreuses, j'y reviendrai. La seule bonne raison est d'en avoir envie, envie à deux et même dans ce cas, un cadre strict est nécessaire pour les débuts afin que l'expérience ne tourne pas au fiasco. Heureusement, il y a de nombreux cas où cela se passe bien, même quand l'un des deux conjoints se trouve un peu déstabilisé et dépassé par les réactions de son partenaire la première fois. C'est plus souvent à l'homme que cela arrive, surtout dans le contexte de pluralité en club où les choses peuvent très vite s'emballer, causant au novice soit une éjaculation rapide, surtout aux plus jeunes, soit le plus souvent une panne d'érection. Rassurez-vous néanmoins, Messieurs, au cas où cela vous arriverait, cela n'a rien d'anormal, c'est juste une question d'acclimatation et ça ira mieux les fois suivantes, surtout si votre compagne se montre rassurante et si vous choisissez un cadre apaisant et tranquille et un nombre de participants limité. Ne considérez pas cela comme un échec qui doit vous conduire à renoncer, persévérez ! Ce sera alors le début d'une longue et belle aventure à deux, avec le concours de tierces personnes !

Pour en terminer sur cette question, je dois évoquer ces femmes qui vont libertiner sans hommes, seules ou entre bonnes copines qui veulent décompresser, se changer les idées ou remonter le moral de la copine qui a un coup de moins bien. Elles ont pu déjà être initiées avec un homme, mais pas toujours. On rencontre davantage ce genre de duos, trios que des groupes d'hommes et ils sont toujours beaucoup plus joyeux et enjoués, parfaites illustrations de la prise en main de leur sexualité par les femmes.

La prostitution ou l'anti-libertinage

Il suffit de lire la presse ou les commentaires web à l'occasion de tel ou tel fait divers sordide pour trouver des inepties du genre : « Les liens entre le milieu du libertinage et celui de la prostitution sont si étroits, la frontière entre les deux est ténue, etc. », et de tout mélanger allègrement à la manière habituelle des journalistes, relayés pour la circonstance sur les forums web par les pudibonds de service : libertinage et prostitution, clubs et maisons closes, libertins et michetons, libertines et prostituées, tout cela la même chose. Il émane de cette bouillie à la fois une odeur de sensationnalisme malsain et aussi de rancœur et d'aigreur de ceux à qui il ne reste que le dénigrement face à un monde de plaisirs auquel ils n'ont pas accès, quelle qu'en soit la raison. Je dis bien ineptie, car la prostitution est très mal vue dans le milieu libertin. D'abord, les patrons de clubs libertins ne veulent ni voir leur clientèle fuir ni eux-mêmes tomber sous le coup d'une fermeture administrative et de sanctions pénales pour proxénétisme. Mais c'est surtout parce que la prostitution est aux antipodes de la séduction, du glamour, de la conversation qui font l'atmosphère érotisante si particulière aux soirées libertines vraiment réussies. Les couples improbables que l'on peut voir dans certains clubs, une très belle jeune femme (souvent noire ou encore d'Europe de l'Est) avec un monsieur pas beau, vieillissant et bedonnant (presque toujours blanc) qui a recours à ce genre de services pour pouvoir entrer accompagné, ces couples ne font pas illusion tant l'absence de complicité est patente et l'attitude de ces femmes comme des heureusement rares escort girls qui chassent en solitaire n'est pas celles des femmes qui viennent chercher le plaisir, s'amuser et passer un bon moment. Pour tout dire, cette attitude est anti-érotique, dérangeante, désagréable pour les vrais libertins et libertines parce qu'elle introduit un mode de fonctionnement contraire aux mœurs et principes régissant le libertinage et peut même aller jusqu'à gâcher une soirée si ces personnes tarifées sont trop nombreuses ou trop peu discrètes et faire chuter rapidement la fréquentation d'un club. Heureusement, il n'y en a pas dans les soirées privées, sauf éventuellement celles organisées pour des hommes qui faute de séduction doivent payer s'ils veulent espérer faire quoi que ce soit. Ce doit être le cas pour les politiques, qui ont besoin de la discrétion de professionnelles et peuvent donc difficilement se risquer dans des clubs ou des soirées où ils rencontreraient M. et Mme Tout le Monde. Je n'en ai en tout cas que très rarement rencontré y compris dans des lieux où les rumeurs colportées par la presse les annoncent comme des habitués, rumeurs que les patrons des clubs concernés ne confirment pas mais se gardent bien de démentir, on les comprend. Nous ne devons pas y aller les mêmes jours ou aux mêmes heures... Les libertines sont des femmes qui viennent aux soirées pour s'amuser, pas pour de l'argent, et qui par ailleurs exercent toutes une profession qui n'a rien à voir avec la prostitution. Je parle certes à mon aise de la prostitution parce que je n'y ai jamais eu recours, n'en ayant pas eu besoin mais surtout redoutant le caractère inévitablement sordide de ce genre de rapports : il ne s'agit ni plus ni moins que d'un dialogue de sourds, l'un des protagonistes venant pour l'argent de l'autre qui vient lui pour le désir que lui inspire le premier (Vous me direz, il y aussi des mariages comme cela...). Cela explique que même pendant certaines périodes de mes années d'étudiant où les occasions n'étaient pas toujours à la hauteur de la libido débordante d'un jeune homme en pleine santé, l'idée de recourir aux services de prostituées ne m'ait jamais effleuré. Je ne serais même pas certain d'être capable de bander face à l'absence de désir de la femme dans ces circonstances. Enfin, pour mener la démonstration à son terme, il me faut démonter le sophisme selon lequel libertinage et prostitution sont liés puisqu'il y a des partouzes qui font appel à des prestations tarifées. A ce moment-là, puisqu'il y a des relations sexuelles à deux tarifées, toutes les relations à deux personnes relèveraient de la prostitution ? Absurde ! Les partouzes avec des prostituées sont au libertinage ce que la prostitution est à l'amour conjugal, une pâle et triste imitation, une contrefaçon lamentable. La sexualité libertine, c'est la joie, la convivialité, la sensualité ; je ne suis pas sûr qu'il en soit de même pour la prostitution, que l'on se place du point de vue de la prostituée ou de celui du client. C'est dans la prostitution que la chair est triste, pas dans le libertinage. Et entre libertins, on n'emploie pas des termes dégradants comme par exemple « matériel » à propos des dames qui nous font l'honneur de leur présence et de leur participation... Cela n'empêche pas que le fantasme de la prostitution, à défaut d'être répandu, ne soit pas rare dans le milieu, surtout chez les femmes – excusez-moi, mais c'est la vérité... Mais pas de confusion, il s'agit du fantasme, pas de la réalité, et les simulacres auxquels ils donnent lieu sont plutôt amusants et excitants. Certains couples organisent ainsi des gang bangs avec pour thème « la pute à 1 € ». Les hommes choisis disposent ainsi de l'épouse contre un euro chacun, le mari déclarant tout haut que ça ne vaut pas plus dans un rapport de domination bien senti, confisquant la moitié puis finalement la totalité de la somme, assez modique au final... Au cours d'un gang bang, j'ai même entendu la dame reine de la soirée au comble de l'excitation porter ce fantasme jusqu'à l'absurde en lâchant : « je suis une pute gratuite ! » ; je regardai son mari de l'air de dire : « voilà un concept vraiment révolutionnaire !» D'autres sont plus sophistiqués et vont plus loin. Un rendez-vous est organisé par le mari entre l'épouse et des faux clients (un homme seul, mais le plus souvent un autre couple ou plusieurs hommes). Telle une call girl, l'épouse en échange de faveurs généralement assez hard reçoit des sommes « crédibles » de plusieurs centaines d'€, en fait fournies par le mari qui les récupère après. Il arrive même que l'épouse ignore qu'il s'agit d'une comédie et croit vraiment être prostituée par son mari et lui ramène fièrement cet argent qui est en fait le sien ! Nous connaissons un couple, magnifique d'ailleurs. Je ne sais quelle est l'origine de ce fantasme : volonté pour la femme d'être distanciée et déresponsabilisée de pratiques sexuelles qui la fascinent mais qu'elle n'est pas complètement prête à assumer, valorisation concrète de son pouvoir de séduction et d'attraction, pour elle-même ou face à son mari, simple jeu ?... Une dernière forme, peut-être encore plus hard car plus risquée, consiste à choisir un endroit public mais assez discret et sûr, de préférence en soirée, et là de la mettre dans une tenue sans équivoque et de la proposer contre une somme symbolique à un passant bien sûr choisi bien fait de sa personne et propre sur lui : « Bonsoir, jeune homme, que diriez-vous de passer un moment avec elle : 10 € pour la baiser et vous faire sucer. C'est une professionnelle, vous ne serez pas déçu ! » Il peut y avoir un refus de la part de l'homme sollicité, le plus souvent lié à la peur d'une entourloupe ou d'un traquenard, mais l'affaire trouve en général preneur et se conclut assez rapidement. Je me suis trouvé à mon corps défendant complice de ce genre de fantasme. C'étaient des francs à l'époque... J'étais un jeune étudiant, une maîtresse largement plus âgée que moi à laquelle j'ai déjà fait allusion et dont c'était le fantasme ultime me harcela longtemps à ce sujet jusqu'à ce que j'accepte malgré mes réticences, par crainte de la perdre sans doute. C'était dans le quartier du parc Montsouris, près de la cité étudiante internationale, non loin de son domicile. J'étais très mal à l'aise, sans doute à cause de mon jeune âge, qui m'empêchait encore d'avoir le recul nécessaire face à des pratiques aussi extrêmes et bizarres. Je dois néanmoins avouer que j'éprouvai un certain trouble au moment de l'acte, en la tenant penchée en avant tandis qu'elle se faisait pénétrer par le jeune homme que nous avions rencontré – peut-être étudiant lui aussi –, puis en lui approchant la bouche pour la fellation finale. Une fois seuls, elle toujours accroupie les cuisses écartées de façon délibérément obscène, le chemisier ouvert sur ses seins où dégoulinait le sperme depuis son menton, savourant d'avoir été abjecte l'espace de quelques instants, elle me lança sur un ton moqueur et avec un certain culot : « Tu es vraiment un petit salaud : ça t'a plu, n'est-ce pas ? » Certes, mais c'était quand même elle qui avait tout manigancé ! J'ai gardé les 20 FF, je méritais bien cela !

Cette forme extrême du fantasme relève d'un genre de pratiques qui existe dans le milieu, quoique largement minoritaire : celles de couples ou de femmes qui s'aventurent dans certains lieux publics ouverts qui sont des lieux de rencontres notoires, comme certains jardins publics ou bois en zone urbaine, dunes près de certaines plages. Outre que le confort y est moyen, la sécurité n'est pas assurée, entre le risque fort de tomber sur des personnes à l'hygiène douteuse et/ou peu recommandables voire franchement détraquées avec par-dessus le marché la perspective de se faire verbaliser pour attentat à la pudeur, à juste titre d'ailleurs ; sans que le plaisir pris ne contrebalance ces inconvénients majeurs à mon sens. Pour en revenir et en terminer avec le fantasme féminin de la prostitution, ce fantasme existe donc bel et bien, certaines sautent le pas tout en étant d'une condition sociale qui n'a rien à voir avec celle des prostituées. Ce fantasme de la prostitution et sa réalisation n'ont rien à voir avec la prostitution elle-même. Si la réalisation du fantasme peut être splendide, la prostitution elle-même est fatalement misérable, qu'elle soit « consentie » ou non.

Même si ce fantasme ne nous attire pas, je me suis aussi trouvé en faux client dans les deux premières situations décrites et je dois avouer que cela ne m'a pas déplu, j'étais nettement plus âgé que lors de mon expérience de « maquereau malgré lui ». Je comprends très bien que certaines femmes parfaitement équilibrées et estimables puissent avoir ce fantasme de « faire la pute » et je répète que la réalisation du fantasme en question n'a rien à voir avec la prostitution elle-même, quant à elle indiscutablement sordide et contraire à l'esprit libertin.

L'épanouissement sans surenchère

L'échangisme serait aussi l'ultime recours de couples en perdition. C'est complètement faux à double titre. D'abord parce qu'on ne peut rallumer un feu que s'il reste encore des braises, pas quand il n'y a plus que des cendres. Un couple battant de l'aile s'aventurant dans une soirée libertine ne ferait que précipiter sa ruine, en soufflant sur les braises de la jalousie, des soupçons d'adultère confirmés de façon on ne peut plus probante sans compter que la soirée pourrait tourner à une course suicidaire à qui s'enverra en l'air le mieux et avec le plus d'inconnu(e)s pour mieux dévaloriser l'autre. Ensuite parce que j'ai au contraire vu de très belles scènes d'amour et de magnifiques moments de complicité, vécues avec mon épouse ou en témoin chez d'autres couples.

Enfin, on entend dire régulièrement que l'échangisme serait une quête sans fin jamais satisfaite vers on ne sait quoi – l'orgasme absolu ? –, une escalade, une surenchère perpétuelle. Il y a certes un indéniable aspect expérimentation qui peut emmener très loin, et encore pas pour tout le monde dans la Confrérie. Certains en restent à de classiques échanges et parties carrées et s'en portent fort bien. Mais pour ceux qui vont beaucoup plus loin comme nous, d'aucuns pourraient logiquement se demander si nous ne sommes pas blasés et s'interroger sur ce qui pourrait bien encore nous émouvoir ? Une amie très proche mais étrangère à la Confrérie employa même au cours d'une de nos conversations l'expression « banalisation de l'extrême », quand j'évoquais que gang bangs, DP, séances de D/S poussées deviennent la norme hebdomadaire et non plus l'exceptionnel auquel on ne livre qu'une fois dans sa vie, entraîné par un improbable concours de circonstances générateur d'une occasion qui ne se représentera plus. Il n'y aurait donc plus que des choses de plus en plus extrêmes encore en mesure de nous émouvoir ? Paradoxalement, point du tout : dans un contexte vertical, une femme rencontrée à une réunion quelconque qui fait tout pour retrouver vos coordonnées que vous ne lui avez pas laissées, vous adresse un message en tirant à la ligne sur un sujet prétexte pour ne pas avoir à aborder directement l'essentiel, une autre qui s'est faite encore un peu plus belle que d'habitude pour un déjeuner de travail, qui croise et décroise ses jambes, balance son escarpin à moitié ôté au bout de ses orteils tout en conversant de choses « convenables » et « sérieuses », cette mère de famille qui, vous offrant un café quand vous venez chercher votre enfant chez elle, ôte négligemment ses chaussures et replie sensuellement ses jambes sous elle sur son sofa ; du côté des dames, toujours en contexte vertical, un homme qui leur fait une cour respectueuse, faite de compliments bien tournés et d'hommages discrets y compris d'un regard involontaire sur leurs jambes. Tout cela allant ou pas jusqu'au moment où tout bascule pour le premier baiser... Eh bien, pour nous libertins et libertines, tout cela est terriblement érotique et ne manquera jamais de nous troubler et de nous émouvoir, tout autant que la partouze la plus déjantée. Sans pour autant que nous sautions sur toutes les occasions de ce type comme je l'ai déjà expliqué, bien loin de là. Il n'est donc nul besoin de surenchère. En suivant cette idée de la surenchère perpétuelle, on peut légitimement se poser la question de l'addiction au sens médical du terme, addiction pour toujours plus avec des partenaires toujours nouveaux toujours plus nombreux pour combler tel manque, parfois dans une vaine tentative de soigner des blessures liées à une carence affective remontant à très loin voire à d'autres choses pire encore, ou de satisfaire une hypersexualité pathologique. Heureusement, la majorité des gens que je connais dans la Confrérie ont eu une enfance heureuse et équilibrée et sont bien dans leur peau ; et s'ils ont eu des problèmes, ceux-ci sont réglés ou sous contrôle. Quant à l'hypersexualité, il est compliqué d'en fixer la limite, les besoins sexuels variant tellement d'un individu à l'autre. Avoir une libido et une sexualité débordantes est plutôt un signe de bonne santé et ne relève pas dans ce cas d'une sexualité compulsive ! La seule limite indiscutable étant celle à partir de laquelle l'hypersexualité entraîne des comportements néfastes pour la vie sociale et personnelle de l'individu voire dangereux pour les autres, comme les attentats à la pudeur, agressions sexuelles et viols. Tout cela n'a heureusement rien à voir avec la Confrérie, dans laquelle la sexualité est fraîche et joyeuse. L'adage Post coitum, animal triste est, déjà contestable dans le cadre du sexe conventionnel, est complètement faux dans celui du libertinage : le debrief à deux une fois rentré est en effet savoureux et les souvenirs évoqués des mois voire des années plus tard aussi.

La compensation existe aussi, comme nous en eûmes la preuve avec la flamboyante Isabelle, quinqua catwoman ce soir-là, qui dans la conversation d'après l'action, nous raconta qu'avec son premier mari, elle avait eu en tout et pour tout deux orgasmes en 25 ans de mariage et que donc elle se rattrapait, mieux vaut tard que jamais. Et de quelle façon ! Tant mieux, si le libertinage peut permettre cela. On évoque également le cas de certains hommes seuls qui écument les soirées libertines et compenseraient ainsi leur incapacité à construire des relations stables et « normales ». C'est effectivement le cas pour une minorité, parmi laquelle on trouve surtout des personnes qui ont la malchance d'avoir un conjoint qui ne partage pas ce genre de désirs, je les plains. Ceux-là se repèrent tout de suite, ils ont l'air triste, anxieux et c'est à peine si une bonne fortune leur donne le sourire, qu'ils reperdent de toute façon une fois l'action terminée. Mais pour la majorité, notamment ceux qui pratiquent en couple, c'est au contraire un accomplissement sans cesse renouvelé et pratiqué en pleine connaissance de cause, sans le moindre aspect pathologique. L'attrait de la nouveauté qui est indiscutable constitue une marque de curiosité, ce qui est très sain au contraire. Il ne faut donc pas voir une addiction dans la multiplication des partenaires et des événements, tout cela est sous contrôle pour la plupart des libertins. Je concède que cela puisse paraître étonnant, comme à ce couple d'expatriés qui ne libertinait que de loin en loin, à peine une fois tous les six mois sans ressentir de manque et fut stupéfait d'apprendre que ce weekend-là, nous enchaînions trois soirées, avec par ailleurs une moyenne d'un événement par semaine. L'homme eut une moue dubitative quand mon épouse lui expliqua qu'il n'y avait rien d'addictif là-dedans, dans la mesure où cela se faisait dans la joie et qu'une soirée où rien ne se passait ne nous affectait en rien, contrairement aux vrais addicts que cela plonge dans une affliction profonde. Heureusement, ce ne fut pas le cas de la soirée en question, très animée, au cours de laquelle j'eus le privilège de passer un moment avec toutes les femmes présentes, certes pas en tête à tête, y compris la belle Christine qui n'appréciait la pluralité qu'en petit comité – deux hommes plus son mari pour lui tenir la main -. Quant à mon épouse, elle s'offrit tous les hommes présents sauf les trois qui lui déplaisaient.

Pour ce qui est de l'obsession des chiffres en tant que telle, elle existe effectivement chez certains et certaines : quelques hommes tiennent un décompte méticuleux de leurs partenaires, avec parfois même des commentaires dans un carnet sur les protagonistes, les dates, les lieux, les circonstances, l'action... C'est plus rare chez les femmes, la coquetterie féminine les poussant au contraire à minorer les chiffres. Il est fréquent après une soirée pluralité particulièrement animée d'entendre des femmes dire : « En fait, pas tant que cela : quatre ou cinq tout au plus, même si je me suis bien amusée. » Mon épouse s'entendit un jour répondre par une de ses consœurs : « Bien sûr, ma chérie, quatre ou cinq... à la fois ! » Mais pour les quelques femmes « comptables », à la différence des hommes, c'est plutôt la performance en une soirée qui les intéresse : le nombre d'hommes qu'elles se sont envoyés en une soirée, « trente-sept ! » nous annonça fièrement l'une d'elles qui venait de nous aborder au début d'une fête en nous relatant celle de la veille, elle leur avait enfilé les capotes elle-même ce qui avait permis ce décompte précis, ce sur quoi elle m'administra illico une fellation au bar sous les yeux de mon épouse, avant de déclencher un double gang bang, son couple et le mien étant les seuls présents au milieu de quatre autres hommes à ce moment-là... Chacun ses marottes après tout, celle-là est bien inoffensive.

En somme, les libertins sont des gens qui savent se tenir, et dans le cas des hommes, se doivent aussi de tenir... Tenir et se tenir : cela ferait une fière devise sur un blason, non ?

Portraits libertins et autres histoires

Comme tous les milieux, la Confrérie a ses figures emblématiques ou du moins ses personnages et figures marquantes. Même si certains hommes sont hauts en couleur, on me pardonnera de n'évoquer que des femmes (ou à la rigueur des couples), car comme je l'ai dit, ce sont elles les reines de ce monde et qui font la réussite d'une fête. Les quelques figures choisies ne le sont pas tant pour leurs pratiques sexuelles que pour leur originalité et leur personnalité, qui les rend marquantes et donne lieu à des scènes qui mettent le feu à une soirée, font tout le sel de notre pratique et restent gravées dans les mémoires. Certaines d'entre elles ayant déjà été évoquées ailleurs, je ne les reprendrai pas ici.

Donatella

J'arrive sur la mezzanine. Au centre de la petite piste de danse, le dos à la pole, elle a fait glisser sa courte robe avec une grâce infinie. Elle danse nue, lascive et les yeux mi-clos, n'ayant gardé que ses talons aiguilles pour galber encore un peu plus ses jambes fuselées s'il en était besoin. C'est une superbe brune, une italienne, au corps magnifique et au visage sorti tout droit d'une peinture de la Renaissance, illuminé par un regard pétillant d'intelligence espiègle et un sourire qui n'est pas sans rappeler celui d'une des plus célèbres de ses compatriotes et aussi d'une actrice contemporaine.

Sans hâte, par la seule puissance de sa grâce, elle met en place ce ballet dont elle est à la fois l'étoile et la chorégraphe. Son mari ramasse sa robe et s'assoit sur le côté. Un homme est déjà coincé dans l'angle opposé entre la rambarde du balcon et le mur du fond, il sera le premier à sacrifier. Les autres dont votre serviteur attendent à l'entrée du cercle invisible qu'elle a tracé autour d'elle.

La cérémonie a maintenant commencé. Elle danse, offre à la contemplation son corps parfait sous toutes les facettes. Elle s'approche de temps en temps de l'homme du fond, l'effleure en ondulant pour s'éloigner puis mieux y revenir, avec son ventre, avec ses fesses, avec sa bouche en descendant en rythme sur ses cuisses écartées jusqu'à s'accroupir dos à l'assistance, jetant régulièrement une œillade espiègle à son mari. L'homme comme pétrifié ose à peine la toucher, son sexe tendu est complètement en son pouvoir. Tous et toutes autour et plus loin sont graves et silencieux, comme hypnotisés. L'atmosphère est saturée, tendue par une intense émotion collective ; quelque chose est en train de se passer. Est-ce vraiment un ballet, ou ne s'agirait-il pas plutôt d'une cérémonie païenne ; et elle, la grande prêtresse, donc, ou peut-être l'incarnation de la déesse elle-même ?... Tout, l'atmosphère, l'émotion silencieuse des protagonistes, la pénombre semblable à celle des cathédrales que l'éclairage tamisé des candélabres ne parvient pas à fouiller complètement, ou à celle des bosquets sacrés dans les clairières au plus profond des forêts que le soleil ne perce jamais tout à fait même en plein jour, tout semble le suggérer. Un étrange sortilège est en train d'opérer. La fellation se fait plus insistante, sa bouche ne relâche plus le sexe tendu qu'à intervalles de plus en plus brefs, l'homme grimace. Elle s'éloigne une dernière fois, enroule son corps étiré autour de la pole et revient s'emparer du phallus prêt à exploser. Se mettant de profil cette fois, elle a décidé d'en finir, aspire et suce sans pitié jusqu'à ce que le visage de l'homme se révulse. Elle entrouvre alors les lèvres pour laisser le sperme s'écouler sur son menton jusqu'à ses seins, avec une œillade appuyée à son mari toujours impassible, du moins en apparence. L'homme disparait. Elle se redresse et s'avance lentement, sûre de son pouvoir, se glisse à travers le rideau que nous formons pour gagner la crypte mais elle revient finalement se placer face à son mari toujours assis, se penche lentement sur lui pour l'embrasser tendrement, passant de sa bouche à son sexe dressé. Les hommes se sont rapprochés, les sexes tendus vers la grande prêtresse... Le rite approche de son paroxysme. A genoux derrière elle, je masse et dépose des baisers sur sa magnifique croupe douce et musclée, puis ma langue cherche son coquillage que notre position ne me permet pas d'atteindre, mais qu'importe : sa rosette s'entrouvre pour laisser le passage à ma langue dardée qui la fouille, quelques instants, une minute, un quart d'heure, je ne sais ?... Je flotte, plus rien n'existe qu'elle et cette caresse. Elle y met fin lorsqu'elle s'accroupit, toujours face à son mari, encadrée à droite et à gauche par les phallus turgescents. Mais c'est vers le mien qu'elle se retourne de trois-quarts pour m'engloutir dans sa bouche. Je replonge dans l'éther que je n'avais quitté qu'un instant. Elle imprime son rythme, je lui appartiens. Inexorablement, je m'abandonne à elle, et au bout de cet abandon, l'arc électrique... Dans un tremblement de tous mes membres, je viens d'exploser dans sa bouche. Je ne sais comment je suis parvenu à rester debout. Elle garde quelques instants l'offrande dans sa bouche, puis entrouvre à nouveau ses lèvres pour laisser le sperme s'écouler sur son menton jusqu'à ses seins puis elle embrasse son mari à pleine bouche.

Je dépose un baiser sur ses cheveux : « Grazie mille», qu'elle accepte de son doux sourire. Je lui murmure encore à l'oreille : « Sei la piu bella » puis je disparais à mon tour. Je sais que tous les officiants qu'elle aura choisis subiront le même sort et qu'elle mettra fin à la cérémonie quand elle l'aura décidé, son visage et sa poitrine couverts des hommages des plus heureux de ses adorateurs, laissant aux autres le regret de n'avoir pu qu'assister à ce pur moment de grâce et de beauté, qu'aucune parole obscène, aucun rire grivois, aucun geste déplacé, pas l'ombre d'une vulgarité ne sera venu troubler.

Elle s'éloignera alors avec son mari. Une fois redescendu sur terre, je m'émerveille de ce lien magnifique qui les unit. Elle aime les hommes, mais je ne sais si c'est elle qui joue avec lui en se livrant d'elle-même aux autres hommes ou si c'est lui qui la domine en la livrant. Je pencherais pour la première solution, car c'est elle qui dirige tout du début à la fin et qui décide de tout, ce que confirma cet événement où elle s'était isolée avec deux autres hommes dans une salle fermée, tandis que son mari allait de la glace sans tain aux autres salles contemplant les ébats d'un air pensif. Lui reste toujours habillé et ne touche pas d'autre femme qu'elle, au grand désespoir de certaines. Quoi qu'il en soit, ils sont magnifiques. Mon épouse et moi les apercevrons plus tard, quand ils se seront isolés pour faire l'amour.

Saphir

Je n'oublierai jamais cette belle touriste originaire de l'Océan Indien, qui ressemblait à une aquarelle de Titouan Lamazou, lors de cette soirée à laquelle mon épouse partie en vacances m'avait elle-même fait inviter, ce qui estomaqua les autres participants comme je l'ai raconté plus haut. Saphir arriva au milieu de notre groupe d'hommes à quatre pattes, nue sauf d'élégants escarpins rouges pailletés et un collier de chien(ne) relié à une laisse tenue par son mari, se présenta comme soumise et après des fellations à toute l'assistance, ce fut un déluge de mots crus, une suite de pénétrations à la chaine, vaginales, anales, doubles et d'éjaculations sur son très joli visage. La plupart des hommes s'en allaient une fois « soulagés » la besogne accomplie, ce qui fait qu'après le gang bang, nous n'étions restés que deux jusqu'à la fin sur la dizaine d'hommes présents au début, en plus de son mari. Après une pause agrémentée d'un verre et de quelques douceurs sucrées, nous avons continué à nous occuper d'elle, avec son mari qui s'est joint à nous et j'ai eu la confirmation de ce dont j'avais toujours été intimement persuadé : venir pour « tirer son coup », se rhabiller et partir sitôt après l'éjaculation, c'est peu respectueux pour la belle et aussi quel dommage ! Cela prive d'une bonne partie du sel de la chose : en effet, une fois la belle une dernière fois baisée, double pénétrée et maculée de sperme et après un dernier verre, l'hôte proposa sa voiture pour les ramener à leur hôtel dans le centre de Paris en notre compagnie. Nous avons alors fait quelques (!) détours pour une visite guidée de Paris by night des monuments et lieux insolites pour lequel je servis de guide avec explications historiques, et au moment de prendre congé, le pourboire consista en une dernière fellation sur la banquette arrière ! Ce sont de ces moments magiques et extraordinaires qui presqu'à eux seuls font que cette vie vaut la peine d'être vécue.

Marie-Camille

En une demi-douzaine de rencontres, je n'ai jamais vu Marie-Camille habillée. Ou plutôt si, habillée sans l'être, plus nue que nue : je l'ai toujours vue arriver aux dîners ou aux soirées en escarpins vernis, bas noirs retenus par des jarretelles à une élégante guêpière, un string mettant en valeur sans le dissimuler le moins du monde son magnifique postérieur. Même dans cette tenue, tout en elle, son regard, son port, sa démarche, son maintien à table, ses bijoux qu'elle ne quitte jamais, trahit l'appartenance à la bonne bourgeoisie depuis plusieurs générations avant même d'en avoir la confirmation par sa voix et son intonation. Je l'imagine sans peine dans la vie de tous les jours « en civil », habillée de cette mode BCBG anti-féminine, un serre-tête autour de ses cheveux noirs encadrant un visage aux yeux de la même couleur, un rien sévère et dédaigneux… Elle est toujours accompagnée de son mari, y compris dans les alcôves, le respect des convenances sans doute, même quand elle hurle sous les assauts de plusieurs hommes, car elle a l'orgasme expansif. Jamais de gros mots, même pendant l'acte. Notre première rencontre fut explosive. D'abord soucieuse de ne pas déranger sa coiffure, elle se mit à hurler quand je la léchai, relâchant pour cela les deux bites qu'elle suçait par ailleurs. Après au moins un orgasme, elle me rendit la politesse, avec une capote tout de même, avant de m'offrir sa croupe en continuant à emplir le club de ses hurlements sans paroles et surtout jamais de gros mots, tandis que son mari, par contraste, s'occupait de mon épouse de façon beaucoup plus calme, pour ne pas dire « pépère », à un point qu'il s'en inquiéta. Mon épouse le rassura, non par politesse, mais parce que cela lui convenait parfaitement après la séance musclée qu'elle venait d'avoir avec deux autres hommes, plus jeunes, plus sportifs et plus vicieux… Après avoir tourné avec mes deux autres camarades de circonstance de la chatte à la bouche de Marie-Camille et en avoir terminé, elle me permit alors de la rejoindre sous la douche (j'adore !...) pour une toilette mutuelle quand j'eus l'idée de la retourner et de la cambrer, les mains contre le mur de faïence pour lui faire une feuille de rose, sans certitude aucune sur sa réaction. Celle-ci ne se fit pas attendre, elle laissa échapper un « Ah oui, ouh la la, c'est bon, ça, j'aime ! » et de se remettre à pousser des hurlements, ses tremblements trahissant l'orgasme qui s'empara d'elle en quelques instants. Cérébrale, elle l'était décidément, la conversation s'orientant à son initiative sur le romantisme et aboutissant je ne sais comment à l'Itinéraire de Paris à Jérusalem, prouvant ainsi que la tradition des avocats lettrés restait vivace. Nous les avons depuis croisés régulièrement et c'est toujours un plaisir de repasser un moment avec Marie-Camille ou de la regarder exploser les sonomètres sans retenue…

Sabine

Je rencontrai Sabine lors d'une soirée dans une grande villa à la campagne. Une belle femme brune aux cheveux de jais, aux yeux noirs et à la peau d'albâtre avec de faux airs d'Antonella Ruggiero, la cinquantaine élégante. Discrète et distinguée, je la crus accompagnée par l'homme avec lequel elle conversait mais j'appris plus tard qu'il n'en était rien. Elle était effectivement mariée et mère de grands enfants, mais comme elle était beaucoup plus libertine que son mari, ce dernier la laissait sortir seule quand elle en avait envie. C'était d'ailleurs elle qui l'avait entraîné « là-dedans », comme elle disait, mais il avait parfois du mal à suivre. Cela promettait... Nous avions commencé à discuter quand une ravissante domina arriva en grand équipage, suscitant quelques murmures allant de l'admiration à l'appréhension et à une certaine réprobation. M'ayant détecté et percé à jour d'un seul regard, elle m'invita à subir une flagellation debout au centre de la grande pièce, habillé puis torse nu, puis je revins comme si de rien n'était à ma conversation avec la belle brune et l'autre homme, auquel s'était adjoint un couple. Nous nous embrassâmes alors tandis que je passai la main sous sa robe, avant de l'emmener en haut, lançant ainsi la soirée. Ce fut alors un festival de cunnilingus, fellations, sodomies et de doubles pénétrations, puis nous allâmes nous amuser chacun de notre côté, mais nous finissions toujours par nous retrouver. Comme un bon morceau de musique, le final reprend l'ouverture avec entre les deux le retour régulier du refrain, avec des variantes. Nous aurons été le fil rouge l'un de l'autre tout au long de la soirée, même pendant la séance où la domina me fit ma fête, au cours de laquelle Sabine profita de ma langue sur son sexe et son anus tandis que j'étais à la merci de la domina sur un autre front. A la fin, après un dernier quatuor au cours duquel ses trois orifices furent bourrés simultanément, nous sommes restés tous les deux à discuter de choses et d'autres jusqu'à découvrir que nous avions quelques sujets de conversation communs et qu'elle m'annonce qu'elle enseignait la littérature en spécialiste d'un certain courant dans une belle et prospère ville de Province. Nous allions nous revoir une première fois par hasard dans le même lieu et dans des circonstances analogues, et comme lors de notre première rencontre, ouvrir et clôturer la soirée, suivie d'une conversation qu'il nous fallut conclure pour laisser nos hôtes aller dormir. Elle continua devant la demeure près de sa voiture qui me surprit dans un certaine mesure : un coupé sport de marque, quoique élégant, sur le capot duquel je lui proposai de la prendre, de face par la chatte ou en levrette par le cul comme il lui conviendrait. Elle déclina à regret mon invitation en raison de froid mordant, mais promit de m'accorder cette faveur aux beaux jours, promesse qu'elle tint avec grâce quelques mois plus tard. Depuis, nous avons eu l'occasion de faire plus ample connaissance ainsi qu'avec nos moitiés respectives et sommes devenus amis. Une dévoreuse d'hommes qu'elle prend trois par trois, sans tapage inutile ni obsession de se faire remarquer, à une fréquence soutenue, mais en restant d'une totale discrétion dans son milieu professionnel tant vis-à-vis de ses étudiants que de ses collègues, l'aversion pour le mélange des genres constituant la marque du bon goût. Cette discrétion se manifeste jusque dans ses arrivées aux soirées, toujours vêtue d'un pantalon descendant jusqu'en bas de ses sandales à talons et d'un petit haut très sage, qui se transforme en robe courte ultra-sexy une fois le pantalon enlevé. Et comme elle ne porte jamais de culotte… Très gourmande, comme je le fis remarquer lors d'une de ces multi-pénétrations pour laquelle les vicissitudes de la partouze m'avaient donné deux acolytes, l'un du plus beau noir, l'autre métis : « Quelle gourmande ! Trois parfums à la fois, chocolat noir, chocolat au lait et chocolat blanc ! » Cela mit l'assistance de bonne humeur et faillit déconcentrer mes collègues, mais pas Sabine, qui prenait consciencieusement son pied un sexe dans chacun de ses orifices. Le sommet fut atteint quelques soirées plus tard, quand je l'accueillis après un trajet harassant pour elle suite à un camion accidenté barrant l'autoroute : après un verre, quelques fraises sensuellement partagées à la bouche, ce fut une première sodomie au bout de cinq minutes de préliminaires, dans une langue étrangère que nous maîtrisons très correctement l'un comme l'autre et qui se prête parfaitement à ce genre d'ambiance. Cela fournit une accroche à quelques timides qui nous demandèrent de traduire, intrigua suffisamment d'autres hommes pour qu'ils nous rejoignent, mais sans doute le physique et les talents de Sabine y étaient-ils aussi pour quelque chose… La première double pénétration s'ensuivit tout naturellement. Je me mis ensuite sur le dos, invitai Sabine à s'empaler analement face à moi puis je fis signe à un homme affûté de nous rejoindre, qui comprit immédiatement : Sabine reçut alors comme une reine une deuxième bite dans son cul avec un petit gloussement de contentement juste un peu plus prononcé que d'habitude. Je m'aperçus alors que l'homme, mince et de taille moyenne, était doté d'un engin impressionnant, à tel point que le frottement fut si intense que je ne pus me retenir d'éjaculer plus de deux minutes, sans que l'excitation y eût une part au-delà du négligeable. Mais galant homme, tandis que mon comparse continuait à limer vigoureusement, je restai quant à moi solidement planté bien au fond du cul de Sabine, qui n'en était manifestement pas à sa première double anale, ce qu'elle me confirma plus tard. Par-delà son impressionnant profil de performeuse qui contraste magnifiquement avec sa discrétion, des convictions fortes affirmées sans agressivité, qui vont bien avec le personnage, notamment sur ces personnes qui encombrent les soirées alors qu'elles n'ont rien à y faire, ou sur tel endroit à éviter à telle période du fait d'une trop mauvaise fréquentation. Discrète en toutes circonstances, son petit gémissement coquin qui n'appartient qu'à elle se fondant parfaitement dans ces ambiances, classieuse même dans l'action la plus hard, cultivée, d'une grande finesse, à la conversation des plus riches et des plus plaisantes et par-dessus tout, sympathique et d'une grande gentillesse, en un mot une femme signifiante comme on aime en rencontrer.

Elena

Elena était une jeune trentenaire, qui portait d'autant mieux ce prénom qu'elle était originaire d'une île de la Méditerranée et qu'elle aussi était une princesse, à sa façon, enlevée à son époux légitime, d'une certaine manière. Mère d'un enfant, mariée, mais à un homme qui n'aimait pas particulièrement le sexe, tout se passa bien jusqu'à ce qu'elle rencontre un amant libertin, qui lui fit découvrir les vraies joies du sexe et lui révéla tout son potentiel, qui s'avéra immense.

L'occasion se présenta, une semaine de vacances scolaires pendant laquelle l'enfant était chez ses grands-parents et le mari en déplacement professionnel à l'étranger. Elle s'organisa une semaine libertine à Paris, c'est à l'occasion d'une de ses dernières soirées (un vendredi) que nous l'avons rencontrée. Mince – davantage, elle eut été trop maigre – un joli minois illuminé par un regard espiègle, vive, pleine d'esprit, avenante, toujours capable d'un bon mot même au plus fort de l'action (as)saillie de toutes parts par plusieurs mâles en rut. Sa conversation fut très plaisante lors des quelques pauses qu'elle s'accorda, en buvant son Champagne rosé qu'elle s'était apporté non sans en offrir autour d'elle, ne buvant pas autre chose (ça m'énerve !!). Elle nous relata avec beaucoup d'humour son parcours d'ado bien sage, avant de rencontrer son mari avec qui elle se contentait du sexe à la papa qui lui suffisait puisqu'elle ne connaissait rien d'autre. Cela dura quelques années jusqu'au jour où elle rencontra un homme qui l'initia pour de bon au sexe, puis assez rapidement au libertinage. Elle donna alors toute sa mesure. Nous eûmes l'occasion de nous en apercevoir lors de cette soirée, où après avoir fait connaissance et ayant appris par une tierce personne mon goût immodéré pour le cunnilingus, elle ouvrit le bal en m'invitant à la lécher, dans des formes très cérémonieuses, comme elle fit pour inviter les autres hommes intéressés à se répartir autour d'elle : « Si vous voulez bien me baiser maintenant, cher Monsieur. » Les bites se succédaient dans sa chatte et dans sa bouche, j'avisai alors son beau petit trou qui semblait avoir bien servi récemment et lui proposai une double pénétration qu'elle déclina en soupirant :

- Hélas, c'eût été avec un grand plaisir, cher ami, mais il a tellement pris depuis le début de la semaine qu'il a besoin d'un peu de repos, le pauvre. Déjà hier soir, il m'a fallu interrompre à regret une belle sodomie car il commençait à me faire vraiment trop souffrir.
- Quel dommage, mais je comprends. Dans votre chatte alors, double vaginale ?
- Excellente idée. Faites donc, je vous en prie.

J'enfonçai alors ma bite dans sa chatte déjà occupée par un autre membre de taille conséquente et bougeant ainsi vigoureusement et en cadence, elle alterna alors gémissements et cris pendant le bon quart d'heure que dura cette double pénétration tout en prenant en plein visage les éjaculations des hommes qu'elle suçait à la chaîne, le plus souvent deux par deux. Quand elle eut constaté d'un « Il n'y a plus personne ? » que tous avaient déchargé, les autres hommes étant occupés avec les autres dames présentes dont la mienne, elle annonça la pause tout en prenant soin de nous inviter nous les deux pénétreurs à jouir dans sa bouche à notre tour, avant de mettre fin à cette première séquence. C'est à cette occasion qu'eut lieu notre conversation, ma femme et elle échangeant comme deux bonnes copines sur leurs expériences respectives avec des tuyaux plus spécifiques sur tel ou tel mâle que l'une ou l'autre venait de tester, puis sur des sujets qui n'avaient rien à voir avec le sexe et notamment un pays lointain que toutes deux connaissaient bien pour y avoir séjourné dans le cadre professionnel. Elle nous confia alors être très satisfaite de sa semaine où elle s'était offert tous les hommes passés à sa portée et y avoir pris beaucoup de plaisir, avec toutefois le regret de ne pas avoir réussi une seule fois à tenter son chaperon qui veillait sur elle depuis le début de la semaine pour que tout se passe bien. Elle fit cette déclaration devant lui en le fixant de ses beaux yeux verts et en faisant rouler ses belles hanches (elle n'était plus vêtue que de ses escarpins et de ses bas), mais celui-ci resta de marbre, souriant car sans doute flatté, mais très professionnel, ce qui lui valut les félicitations de notre petit groupe, Elena comprise. Elle prit alors un air grave, se demandant tout de même où tout cela allait la mener, surtout par rapport à son couple, qu'elle voulait préserver. Elle avait été prise au dépourvu par la révélation de sa sexualité, mais comme elle était peu encline à mener durablement une double vie, on lui conseilla de ne surtout rien dire à son mari des expériences qu'elle avait déjà menées, mais de tenter d'éveiller ses sens, ce qui pourrait l'amener, qui sait, à partager cette sexualité un peu particulière, mais désormais tellement nécessaire à son bonheur et à son équilibre à elle. C'est mieux de se mettre d'accord là-dessus avant de s'engager, mais encore faut-il déjà se connaître soi-même y compris de ce point de vue-là, ce qui n'est pas évident, même à vingt-cinq ans. Pour l'heure, bien décidée à s'envoyer tous les hommes présents, elle se remit ensuite à l'ouvrage, j'eus même le bonheur de la pénétrer encore une fois tandis qu'elle se douchait des abondantes coulées de sperme sur son visage, sa mignonne petite poitrine et son ventre. En fin de soirée, mon épouse et moi venant prendre congé dans la chambre du fond où elle s'ébattait avec les quatre derniers hommes présents, elle nous remercia de nous être déplacés. Elle était joyeuse car elle avait tenu son objectif, fors son ange gardien, et poussa la délicatesse jusqu'à vouloir interrompre quelques instants l'orgie pour nous saluer. Au grand soulagement des hommes présents, je la remerciai et la priai de n'en rien faire et c'est enconnée avec un sexe dans chaque main qu'elle nous fit la bise et nous souhaita un bon retour, les reprenant ensuite prestement en bouche les uns après les autres.

La préparation au mariage de Virginie

Une versaillaise de ma connaissance (verticale, inutile de le préciser), femme de tête, dynamique et pleine d'humour mais qui est à mille lieues d'imaginer tout cela, me raconta qu'elle faisait de l'accompagnement au mariage pour les jeunes couples de sa paroisse. Quand je lui demande en quoi cela consiste exactement, elle me répond qu'elle parle avec eux de tous les aspects de la vie conjugale… Sauf de sexualité. C'est embêtant, car c'est l'essentiel. On ne bâtit certes pas une relation uniquement sur le sexe, mais si le sexe ne va pas, rien n'est durablement possible.

Longtemps après, en contrepoint, cette conversation me revint en mémoire à l'occasion d'une partie à trois intimiste avec Hervé, un jeune homme rencontré quelque temps auparavant, qui évoqua son expérience peu banale du mariage, lui qui était encore célibataire. L'un de ses plus proches amis lui avait fait l'honneur de le choisir comme témoin de mariage. Comme c'étaient des amis d'enfance, le futur marié savait tout de la vie libertine de notre ami, mais sans jamais y avoir goûté lui-même, quoique fort tenté. Sa promise non plus et quant à elle beaucoup moins tentée, en apparence du moins. Quelques jours avant la cérémonie, ils se retrouvèrent tous les trois et la conversation dériva sur le sujet, amené par le fiancé, notre ami libertin n'étant pas très à l'aise vu les circonstances tout de même particulières. L'angle d'attaque du sujet fut d'abord général et informatif, sous formes de questions à notre ami, Virginie se montrant peu compréhensive voire choquée et hostile, élevant toutes sortes d'objections à ce mode de vie, mais sans parvenir à dissimuler une certaine curiosité. Au fil de la conversation, du général, le sujet dévia sur le particulier et il advint ce qui devait advenir. Ils en furent tous les trois ravis et le jour de la cérémonie, notre ami à la question rituelle « se tut à jamais » selon ses propres termes, même si elle n'en faisait pas partie. Rassurez-vous, il existe des préparations au mariage moins extrêmes que les deux que je viens d'évoquer et qui en constituent sans doute la grande majorité : le bourgeoisisme, à mi-chemin entre la sainteté et la débauche...

Hervé n'en reste pas moins un homme de principes, il ne passe désormais plus chez ce couple que lorsque que son vieil ami est présent pour éviter toute ambiguïté et actions déplacées. Mais c'est tout de même un drôle de zèbre, comme le prouve sa sex friend attitrée, qui est une figure ! Il nous parla de Francesca au cours des pauses dans notre partie, nous confirmant tout le bien que nous pensions des Italiennes. Libertine, bisexuelle intégrale, son souhait étant de vivre avec un homme et une femme. Libertine et polyamoureuse, très compliqué ! Il nous montra une photo d'elle avec sa copine au ski, toutes les deux enlacées dans le salon du chalet, nues avec seulement les chaussures de skis aux pieds, ça ne manquait pas d'originalité ni de style. Il nous conta ensuite l'une de leurs premières sorties dans... une boîte à striptease où, s'apercevant immédiatement du trouble de Francesca, la danseuse qui passait de table en table l'alluma et l'embrassa carrément à pleine bouche, ce dont notre ami émerveillé s'étonna, le contact physique étant interdit lors des lap dances, mais peut-être y a-t-il un « vide juridique » quand il s'agit de deux femmes ? Hervé avait parlé de notre soirée à Francesca que ses engagements professionnels avaient hélas retenue en Espagne, mais qui demanda des informations. Notre ami lui envoya par SMS deux photos de mon épouse, l'une appuyée sur la balustrade de l'appartement prêté par un ami, son superbe cul en bombe encore davantage mis en valeur par une très belle vue sur la Seine et l'Ouest de Paris la nuit, l'autre allongée sur le côté dans une pose sensuelle du repos après l'amour, les deux photos de dos, nue, cela va sans dire, à part ses vertigineuses sandales à plate formes. La réponse de Francesca ne se fit pas attendre : « Très joli ! Quand organisons-nous la prochaine soirée ? » Elle fut mémorable…

W.

Je me contente d'une initiale pour prévenir toute identification malveillante de la belle grâce à son beau prénom fort rare. Nous étions arrivés pour un dîner dans une belle et robuste bâtisse à la campagne. Immédiatement, nous nous sommes repérés mutuellement avec un beau couple, lui bel homme mûr sportif, elle superbe métisse dans la plénitude de la quarantaine. Nous nous sommes placés ensemble pour le dîner sans nous préoccuper de l'existence d'un plan de table dont nous n'aurions de toute façon pas tenu compte… Nous l'avons d'autant moins regretté qu'ils avaient de la conversation et des parcours des plus intéressants. Le hasard (?) plaça aussi à notre table un couturier venu quant à lui présenter ses modèles, doté de beaucoup d'esprit et d'humour, avec une gueule de cinéma à tenir des rôles d'âme damnée et MP[8] d'aristocrate débauché sous la Régence. Le dessert avalé, je m'excusai auprès des autres convives pour monter faire une micro-sieste, étant fatigué de la semaine écoulée. J'allai m'étendre dans l'une des chambres en haut pour l'instant encore vides pour une quinzaine de minutes de récupération. Je somnolai depuis un long moment quand je sentis une présence. J'ouvris les yeux et vis W. dans l'encadrement de la porte, sa robe à la main, magnifique seulement vêtue de ses bas et de ses escarpins. Elle me présenta un bandeau et m'invita à lui bander les yeux et à redescendre le grand escalier avec elle. Je m'exécutai, et descendis lentement avec cette beauté au bras, pour faire ce qu'on appelle une entrée. Nous traversâmes solennellement la grande salle à manger où

---

[8] *Maître des plaisirs.*

l'on aurait entendu voler une mouche à notre apparition, jusqu'au sofa où je l'allongeai pour lui administrer un cunnilingus inoubliable, pour elle aussi j'espère. La surprise passée, les groupes commencèrent à se former, délaissant les tasses de café restées suspendues en l'air pendant ces longues minutes. Plus tard, prenant le frais à l'une des fenêtres, W. m'expliqua qu'elle n'en pouvait plus de cette soirée qui ne démarrait pas d'où son initiative. Plus surprenant, elle me confia qu'il lui était parfois difficile de dire non à des gens qui ne lui plaisaient pas, certains dans la soirée étant dans ce cas. Je la félicitai d'être si charitable mais balayai ses scrupules : tout le monde a le droit de choisir. Elle se retrouva à me faire une fellation quand son mari et ma femme nous rejoignirent. Il pénétra W. en levrette sans ménagement. Je lui demandai ce qu'elle aimait particulièrement, à quoi il répondit : « on s'en fout de ce qu'elle aime, on la baise dans tous les sens sans lui demander son avis et c'est tout ! » Tandis qu'il ponctuait ces fortes paroles d'une énorme claque sur le cul de sa femme, je sentis un spasme de W. à ce moment-là. En faisant plus ample connaissance par la suite, nous eûmes la confirmation de leur mode de fonctionnement à la fois très hard et raffiné, se basant souvent sur des scénarios des plus excitants. Plus tard, en fin de soirée, je m'étais porté volontaire pour l'aider à enfiler et à lacer une magnifique pièce de lingerie. J'en profitai au passage pour lui claquer le cul à plusieurs reprises sans qu'elle ne proteste, mais ce fut le couturier qui s'indigna théâtralement : « Maîtrisez-vous cher ami, je vous prie, ou alors remontez dans les chambres ! Nous sommes au salon d'essayage, ici.»

Milena

Je rencontrai Milena au bar lors d'une soirée. Plus toute jeune, mais on voyait qu'elle avait été une très belle femme, avec une prestance intacte, ce qui me décida à l'aborder. Avenante, avec un beau sourire, l'affaire se conclut naturellement. Nous eûmes l'occasion par la suite de faire plus ample connaissance. Russe blanche par l'un de ses parents, c'était une femme charmante, gentille, très distinguée, cultivée, avec une forte personnalité qui lui avait permis de rester la tête droite dans les épreuves que la vie n'avait pas manqué de lui envoyer, une vie bien remplie sexuellement comme à tous les autres points de vue. Jamais un seul gros mot ni de familiarité, son éducation ne la quittait en aucune circonstance. Elle libertinait depuis trente ans, au bras de différents cavaliers qu'elle puisait dans son harem d'amants âgés de vingt à trente ans de moins qu'elle.

Elle parvenait également à séduire de beaux couples et était encore en situation de refuser certaines avances, ce dont elle ne se privait pas. Sur le nombre de ses partenaires, elle déclarait d'un air dégagé : « J'ai arrêté de compter depuis bien longtemps, à partir du millier, hommes et femmes confondus. » Me voyant un soir allongé, chevauché par une belle amazone tandis qu'une autre se faisait du bien assise sur mon visage, elle s'exclama : « Décidément, vous êtes le plus malheureux des hommes ! »

Comme nous avions sympathisé, elle nous invita peu de temps après à dîner chez elle, à la bonne franquette et sans chichis selon ses propres termes. Je demandai à mon épouse de s'habiller plus sexy qu'elle n'était en train de le faire, elle me dit :

- Mais enfin, Pierre, c'est à un dîner que Milena nous a convié. Tu ne penses vraiment qu'à cela pour croire que cela va dégénérer en partouze !
Si c'était le but, elle nous aurait donné rendez-vous en club ou fait inviter à l'une de ces soirées privées qu'elle écume !
- On ne sait jamais. A ta place, je me tiendrai prête, c'est une éventualité.
T, sans puiser dans sa garde-robe secrète, opta pour une jolie robe, sexy juste ce qu'il fallait, des escarpins à talons aiguilles, mais de ceux qu'elle mettait au travail ou en représentation, sans plateforme.

Milena nous accueillit chez elle et nous présenta un de ses amis, élégant et sympathique. Le dîner se déroula normalement, comme un vrai dîner vertical, même la conversation roula sur des sujets intéressants mais jamais sur le sexe. Tout juste, sous prétexte d'aider Milena pour aller chercher le champagne qu'elle avait mis au frais, l'avais-je un peu lutinée au début, sans que les deux autres restés au salon ne s'en aperçoivent. Au fur et à mesure que le dîner avançait, T. me lançait des regards de plus en plus appuyés, de l'air de dire : « Alors, tu vois que c'est bien un dîner normal ? Qui avait raison ?... Quand je pense que tu t'imaginais une partie fine ! Espèce d'obsédé ! »

Mais une fois revenus dans les canapés du salon pour prendre une infusion, il se passa quelque chose. Un échange sur les bienfaits du sport et de la culture physique fournit à l'ami de Milena l'occasion de palper la jambe de mon épouse, ce qui déclencha la suite : une partie carrée en règle, où les cunnilingus, fellations et doubles pénétrations se succédèrent jusqu'à épuisement, après plusieurs bordées, à une heure avancée de la nuit. Heureusement, le lit king size nous permit d'y dormir tous les quatre et nous n'eûmes pas à nous préoccuper d'inventer un bobard pour justifier d'avoir découché et prolonger une éventuelle baby-sitter, nos enfants étant partis en vacances chez leurs grands-parents. Ça tombait bien.

Qui avait raison, alors ?... Mais non : un certain temps après, comme nous évoquions ce dîner avec elle, Milena nous jura qu'elle n'avait rien prémédité du tout, qu'elle avait juste invité son ami pour équilibrer et l'avait choisi pour sa compatibilité avec nous à tous points de vue, ce en quoi elle ne s'était pas trompée. A partir de là, les choses se font ou ne se font pas. C'était un vrai dîner, que cela dérape n'était pas prévu, mais elle ne le regrettait pas ni personne d'autre d'ailleurs. Et si cela n'avait pas dérapé, nous aurions quand même passé une excellente soirée, ce dont nous convenions volontiers.

L'initiation de N.

Je rencontrai N. à St Pancras, en attendant l'Eurostar, deux regards qui se croisent et ne se détachent pas assez vite, puis on se retrouve l'un derrière l'autre dans la longue rampe mécanique d'accès au quai, toujours sans parole, situation insupportablement érotique. Elle aussi était en déplacement professionnel, mais en provenance d'un pays beaucoup plus lointain. Après une longue discussion à la voiture bar - j'allais écrire le wagon restaurant mais l'Eurostar n'est hélas pas l'Orient Express- nous convînmes de nous revoir lors de son prochain voyage en Europe. Elle est divorcée, n'a connu que trois hommes dans sa vie, son mari inclus. Je lui confirme de mon côté tout de suite que je suis marié, un mensonge serait minable. Je m'abstiens juste de dévoiler mon appartenance à la Confrérie, dont elle ne connaît peut-être même pas l'existence et ce serait tout de même un peu beaucoup pour un premier contact. Sa belle situation lui donnant une liberté inhabituelle et l'occasion de voyager, elle entend en profiter et souhaite une expérience avec un Français. La France est d'abord à ses yeux parée d'une aura culturelle qui laisse rêveur en cette période décliniste - l'emploi savoureux qu'elle fait d'expressions vieillies de notre langue rend nostalgique - mais jouit également d'une réputation érotique que seuls les Italiens partagent avec nous. Profitons-en, mais il faut assurer, noblesse oblige !... Elle ne sera pas déçue, mon épouse m'ayant gentiment donné son feu vert pour cette relation, j'allais dire initiation.

Lors de nos retrouvailles successives, elle gravira rapidement tous les échelons jusqu'au sexe le plus hard, en bonne soumise. Très nerveuse la première fois dans la chambre de son bel hôtel au point de vouloir allumer la télévision (!...), elle arrivera néanmoins très vite, mise en confiance, à des jeux et des pratiques peu banales que seule une minorité d'actrices porno acceptent.... N'en revenant pas d'accepter de telles choses et par-dessus le marché d'y prendre plaisir, elle est également stupéfaite que mon épouse accepte que j'aie une maîtresse et me dit très gentiment : « Si j'avais un mari comme toi, je ne le prêterais pas à qui que ce soit ! » et de me demander de la remercier pour me permettre de satisfaire ses désirs y compris ceux qu'elle ne soupçonnait pas. Jugez plutôt : nous arrivons devant la porte de la chambre à son hôtel, quand je me frappe le front de l'air de quelqu'un qui a oublié quelque chose. Elle me demande ce qui se passe, je lui explique avoir oublié de prendre l'un des magazines mis à la disposition des clients dans le hall. Elle me propose gentiment de redescendre le chercher. Lorsqu'elle remonte, elle pousse la porte que j'ai laissée entrebâillée. C'est alors qu'elle se retrouve soudain un masque de voyage plaqué sur les yeux par derrière, poussée à l'intérieur de la chambre où elle tombe à quatre pattes les genoux sur un coussin opportunément placé là et entend la porte claquer. Sa robe est relevée sur ses reins, son string écarté pour laisser passer des doigts fouilleurs qui s'assurent que son intimité est déjà trempée. Elle se retrouve pénétrée sans ménagement, puis empoignée par les cheveux, subit une fellation profonde, tout en recevant un autre sexe dans sa chatte, qu'elle ignore être un godemichet. Sa chatte ruisselle de plus belle, ce qui valide son consentement, on peut donc continuer. Désormais complètement nue sauf ses escarpins, ses bas et son masque, elle se fait ainsi pilonner tous les orifices en même temps un long moment et après plusieurs orgasmes, elle se retrouve amenée par les cheveux (doucement !) à la salle de bains où mise à genoux dans la douche, toujours les yeux bandés, elle se fait asperger le visage, mais pas avec de l'eau, laissant échapper un dernier râle de jouissance. Elle est une fois de plus relevée, puis emmenée par le cheveux à la porte pour être poussée dehors dans le couloir, d'un coup du plat du pied à son magnifique derrière, soigneusement dosé et bien placé dans les parties les plus molles pour ne pas lui faire mal ni la faire tomber, l'énergumène ayant bien sûr également veillé à enlever ses chaussures dès la préparation de ce délicieux traquenard. Il claque la porte derrière elle et chronomètre 45 secondes, au cours desquelles N. reste d'abord interdite avant d'enlever le masque après quelques instants, de regarder autour d'elle affolée pour se rendre compte de son état et de sa situation et de frapper frénétiquement à la porte. Personne ne se pointant dans le couloir, les 45 secondes peuvent s'écouler jusqu'au bout, interminables pour N. J'ouvre alors la porte, et je m'apitoie l'air catastrophé devant sa mine défaite, les cheveux en bataille et le visage dégoulinant : « Mais qui sont les salauds qui t'ont fait ça, ma pauvre chérie ? Entre, je vais m'occuper de toi. » Je la débarbouille en la plaignant et sa mine oscillant entre la panique, la honte et la rancune s'éclaire et d'un air faussement réprobateur : « Mais qu'est-ce que tu me fais faire ! Tu es un fieffé coquin ! » Je lui réponds d'un air innocent la main sur le cœur : «Qui ? Moi ? ». Elle me regarde en coin avec une moue soupçonneuse et ne se retient plus de sourire puis de rire. Nous faisons alors l'amour sur le lit, cette fois ci en mode tendresse et je l'écoute attentivement me faire part de ses impressions sur la session précédente. Je suis alors certain qu'elle est prête à passer à l'étape suivante.

Même si je ne l'affranchis que progressivement sur nos pratiques pour ne pas la choquer, car le fossé culturel est colossal, je dois tout de même lui expliquer que tous les Français ne sont pas comme nous, que nous faisons partie d'une petite minorité discrète sinon clandestine, à quoi elle me répond qu'elle devait tomber sur quelqu'un comme moi, que c'était le destin et que les choses étaient bien faites… Elle s'étonne également qu'un homme s'occupe avec autant d'attention de son plaisir, ce qu'elle n'a jamais connu auparavant alors que c'est bien la moindre des choses. Jusqu'au jour où je la retrouve à la terrasse d'un café, comme elle a fait un stop à Paris afin que nous puissions nous voir. Elle est vêtue d'un élégant chemisier et d'une jupe passe-partout, je lui demande avec tact si elle a quelque chose de plus sexy. Elle s'excuse quasiment, bredouillant que son déplacement est impromptu. Qu'à cela ne tienne, je l'emmène dans un des tout premiers love stores et l'invite à choisir une robe. Elle se choisit une belle robe noire lacée sur le devant, la partie jupe très courte en subtile transparence voilée. C'est la première fois qu'elle entre dans un lieu pareil, elle est gênée mais suffisamment intriguée pour faire le tour des sex toys et du rayon vidéo où certaines jaquettes sont assez corsées, sur quoi elle m'avoue avoir déjà regardé des pornos seule. De retour à son hôtel, je lui explique que je vais l'emmener dîner dans un lieu comme il n'en existe qu'à Paris et qu'elle étrennera sa robe pour l'occasion. Elle proteste, qu'elle ne peut pas sortir comme cela, je l'assure que cela ne posera aucun problème, que toutes les femmes seront dans le même cas qu'elle et que pour s'y rendre, elle mettra son manteau par-dessus. Comme elle a envie d'être baisée tout de suite, je m'exécute et cela la détend. Nous sortons ensuite, elle a consenti à passer sa robe mais a mis par-dessus sa jupe et a passé un châle en plus de son manteau. Je l'emmène jusqu'à un club non loin de son hôtel. Après avoir scruté l'entrée, elle accepte d'y entrer avec moi. Je salue la patronne d'une bise et lui présente N. qui lui tend la main de façon délicieusement gauche. Pareil lorsque je salue un couple de connaissances. N. a gardé sa jupe et a enveloppé ses épaules de son châle. Elle jette des regards de droite et de gauche, vaguement inquiète et en même temps intriguée de voir toutes ces femmes en petite tenue accompagnées de messieurs élégants dîner et converser comme si de rien n'était. Elle se détend peu à peu, son châle glisse de son épaule droite sans qu'elle ne le remette, avant que je ne le fasse volontairement tomber de l'autre côté en me levant pour lui rapporter quelques fruits. A ce moment-là, je suis toujours dans la perspective de l'accompagner à son rythme et de veiller sur elle au cours de cette soirée découverte et rien de plus. Je lui fais ensuite visiter les lieux avant l'arrivée des « célibataires », puis nous nous arrêtons devant l'alcôve où trois couples BCBG mûrs qui ont dîné à la table face à la nôtre s'ébattent sans retenue. N. est captivée par le spectacle mais ne souffle mot. Pas davantage lorsque j'engage la conversation tout en caressant distraitement les seins de la première des femmes à être sortie une fois les ébats terminés, une dame élégante aux cheveux gris permanentés qui n'a gardé que son collier de perles. Après avoir dansé puis nous être isolés avec N. hésitant entre appréhension et désir chaque fois qu'un homme s'approchait pour nous regarder, nous recroisons ce groupe dont cette dame sort fatiguée d'une deuxième action. A ma grande surprise, N. lui vante mes qualités de lécheur et lui propose mes services. La dame accepte avec grâce et tandis que je m'exécute, deuxième surprise, N. l'embrasse et lui caresse les seins alors qu'elle m'avait dit n'avoir jamais eu ce genre de rapport ni même été tentée. Elle m'expliquera après avoir été troublée à la vue des femmes se donnant du plaisir lors de leur séance à six. Après l'orgasme et les remerciements de la dame, N. me demande de déposer sa jupe au vestiaire tandis qu'elle ajuste son châle en mini autour de sa taille. Elle a repoussé les avances de quelques hommes, quand nous croisons un beau couple de quadras qui me font une bonne impression, confirmée par la gentillesse et la douceur de l'homme lorsque je précise que c'est la première fois pour N. Je commence à lécher

Odette tandis que son compagnon la caresse et que N. me suce. Plein de tact et au bon moment, il invite N. pour lui rendre la politesse que je fais à sa femme, ce qu'elle accepte. Nous sommes maintenant côte à côte, N. récidivant en caressant et en suçant les beaux seins lourds d'Odette que je commence à pénétrer. Après avoir sucé Christophe, N. s'ouvre à lui, tandis que j'entreprends de sodomiser Odette non sans avoir préalablement tâté le terrain d'un puis deux doigts fouilleurs. Cela décuple son expressivité et nous surexcite tous les quatre. Je demande à N. si elle ne voit pas d'inconvénient à nous prêter Christophe quelques instants pour une DP. Odette se retrouve alors prise en sandwich, enchainant orgasme sur orgasme, aidée s'il en était besoin par N. qui, revenue de son ébahissement, s'occupe de ses seins et lui fourre la langue dans le creux de l'oreille, ce qui la met hors d'elle. N. avait déjà vu des DP dans des pornos, mais confrontée à la réalité, elle se demandait comment Odette avait pu encaisser cela au point de venir s'assurer elle-même qu'elle ne rêvait pas en passant derrière notre trio pour contempler fascinée nos sexes pistonnant les orifices d'Odette... Une fois la DP terminée, la séance reprit son cours, Christophe baisant N. et moi sodomisant Odette, à la grande satisfaction des deux femmes qui exprimaient à haute voix ce qu'elles ressentaient. Jusqu'au moment où N. demanda du sperme, Odette lui offrant sa part avec grâce... La double éjaculation sur le visage de N. conclut ce moment de pur bonheur, qui s'avéra avoir duré deux heures, pendant lesquelles les quelques hommes et couples qui avaient voulu se joindre avaient vite abandonné face à notre manque d'intérêt manifeste. Notre conversation se prolongea un long moment autour d'un verre et je remerciai chaleureusement ce couple, car nous n'aurions pas pu mieux tomber pour la première fois de N. qui était absolument ravie. Rentrés à l'hôtel, N. m'acheva en me sollicitant encore, voulant prolonger cette nuit magique au cours de laquelle elle s'était métamorphosée à vue d'œil, par un de ces miracles comme seul le libertinage en fait.

L'enterrement de vie de jeune fille à la chinoise

Il n'y aura pas de sexe dans les lignes qui suivent, mais le cocasse de la situation vaut bien cet entrefilet. C'était une après-midi dans un club renommé, pour une fois assez tranquille (tout est relatif !), une après-midi dont la presque routine fut rompue par l'arrivée d'une dizaine de jeunes filles chinoises. Je dis jeunes filles, car la plus âgée ne devait pas avoir trente ans et le patron prit la précaution de demander leur pièce d'identité à deux d'entre elles. On entendait à la fois de l'anglais et du chinois : Hong-Kongaises, Britanniques ? Elles étaient toutes en robe noire et marchaient en théorie, se tenant par la main comme des petits éléphants de cirque, manifestement inquiètes de ce qui pourrait arriver si l'une d'entre elles se retrouvait isolée à la merci des créatures peuplant cette forêt sombre, ce que certaines d'entre elles au moins souhaitaient probablement au plus profond d'elles-mêmes, sans quoi la curiosité n'eut pu être plus forte que l'appréhension. Lorsqu'elles arrivèrent au bar, elles osaient à peine regarder autour d'elles, notamment mon épouse qui était en train de danser à la pole, sa robe déjà fort courte remontant régulièrement par l'effet des mouvements pour ne plus laisser grand-chose de couvert. Certaines restèrent bouche bée. Puis, un peu plus tard, tandis que je passai un moment intense avec une élégante et distinguée quinqua aux cheveux courts et au beau regard bleu portant le nom d'une reine, bientôt rejoints par un autre homme, elles s'aventurèrent dans les entrailles de l'établissement jusqu'à la caverne du fond, toujours en se tenant par la main. Là, elles contemplèrent notre trio à la dérobée, aucune ne voulant être surprise par ses amies en plein trouble à regarder ce scandaleux spectacle. Elles commençaient à glousser et à rire un peu nerveusement et à faire des commentaires sous cape, mais dès qu'elles virent que nous nous étions aperçus de leur présence et que l'un de nous tourna la tête vers elles, elles déguerpirent avant même que nous ayons eu le temps de les inviter à nous rejoindre. Nous eûmes alors l'explication : c'était l'enterrement de vie de jeune fille de l'une d'entre elles. Dommage qu'elles n'aient pas osé aller au bout de leur démarche, ça aurait pu être peu banal et rafraichissant...

Les rencontres ou situations embarrassantes... Ou cocasses !

Le « cauchemar » des libertins et surtout de ceux qui seraient tentés de le devenir est de rencontrer des relations de travail, des proches ou pire des membres de leur famille. Je mets de côté la situation où deux conjoints libertinent tous les deux mais à l'insu l'un de l'autre et finissent un jour par se rencontrer. Je n'ai jamais été confronté à cette situation qui est néanmoins techniquement possible, mais je serais curieux de voir cela et du dénouement. Pour ce qui est de relations de travail, collègues, clients ou fournisseurs, que j'ai déjà évoquées, ce n'est pas vraiment un problème sauf exception : celui qui se montrera indiscret en ferait lui aussi les frais. Donc, pas de chantage à craindre. Forcément, ils y étaient eux aussi puisqu'ils vous ont vu, et pour les mêmes raisons que vous ! Et puis, il peut s'agir d'un sosie… Pour ce qui est des proches et de la famille, c'est la gêne qui est beaucoup plus grande et beaucoup plus embarrassante : peur pour votre image, pour les conséquences sur votre relation car l'autre ne pourra plus vous regarder tout à fait comme avant. Cela se gère avec un minimum d'intelligence, le refus de cette facette de votre personnalité étant illégitime de la part de toute personne qui la partage. Quand on rentre dans le cercle familial, cela peut devenir plus compliqué. Encore que je connaisse deux frères qui se croisent régulièrement dans ces soirées, sans aucun problème. Ils sont très liés et ne se sont jamais rien caché. J'ai également vu deux sœurs manifestement très complices venir ensemble à une soirée, sans aller toutefois jusqu'à participer aux mêmes actions. Je vous l'accorde, je ne sais pas ce qu'il en serait de frères ou sœurs moins proches ou entre lesquels on n'aborderait pas ces sujets relevant du jardin secret de chacun. J'ai rencontré deux charmantes jeunes femmes réunionnaises que cela n'arrêtait pas non plus, au contraire, cela semblait même pimenter davantage la chose : deux belles sœurs, amies d'enfance, l'une couvrant l'autre vis-à-vis de son mari, qui se trouvait être son frère à elle.

Ce qui pourrait être un peu plus gênant, c'est d'y rencontrer ses parents ou ses enfants. La probabilité n'est pas nulle, la génétique étant ce qu'elle est, mais seulement limitée par l'écart d'âge. Je suis en effet convaincu qu'être porté ou non sur la chose relève bien davantage de l'inné que de l'acquis. Je n'en ai jamais été témoin direct, mais en ai recueilli deux témoignages, seulement : un homme m'a dit avoir croisé son père en club et un couple m'a dit avoir entr'aperçu leur fils en club et remonté rapidement l'escalier pour évacuer les lieux, « heureusement sans qu'il les ait vus. » Pour notre part, nos enfants n'ont pas encore tout à fait l'âge, mais c'est une éventualité. Comme nous en discutions avec un couple au profil similaire au nôtre et la patronne d'un club, cette dernière nous dit : « Dans ce cas-là, il ne faut surtout pas faire semblant de ne pas se voir, il faut venir se saluer et se souhaiter une bonne soirée, mais il faut décider qui s'en va ! » Je ne serai pas aussi catégorique. Bien sûr, en cas de soirée intimiste par le nombre de participants ou la configuration des lieux, il faut que l'un des deux couples s'en aille, à mon sens les parents, car ce sont les jeunes qui représentent l'avenir. Si par contre l'endroit est suffisamment vaste, compartimenté et l'assistance nombreuse, que chaque couple se cantonne à l'une des extrémités du lieu afin d'être sûr de ne pas se rencontrer en pleins ébats, ce qui serait vraiment très gênant. Mais dans tous les cas, il est indispensable d'en parler tous ensemble tranquillement dans les jours qui suivent l'événement, une seule fois suffit pour ne pas laisser s'installer des non-dits qui perturberaient les bonnes relations familiales, puis clore le sujet. Bien sûr, j'en parle à mon aise, ne m'étant pas (encore ?) trouvé confronté à cette situation. On verra bien…

Echanges de bons procédés :
pratiques libertines

J'aborderai quelques pratiques sexuelles particulièrement prisées en milieu libertin. Si certaines d'entre elles sont par nature propres à la Confrérie, d'autres sont par contre plus ou moins courantes dans le sexe conventionnel également. C'est pourquoi, plus que sous un angle technique, je les présenterai dans le contexte libertin, en me permettant toutefois quelques conseils à celles et ceux qui seraient tentés et je ferai l'impasse sur celles qui ne présentent pas de différence notable selon qu'elles sont pratiquées en contexte libertin ou conventionnel : branlette espagnole dite également cravate de notaire[9], branlette entre les pieds, etc.

---

[9] *Il existe une controverse concernant la cravate de notaire et la branlette espagnole, l'une des deux écoles prétendant qu'elles se différencient : la cravate de notaire s'effectuerait le pénis pointé vers le bas du corps de la dame, l'homme lui tournant le dos ce qui permettrait simultanément un « bouffage de cul », tandis que la branlette espagnole se ferait face à face, donc pénis pointé vers le visage ce qui permettrait coups de langue et éjaculation faciale, le gros de la charge atteignant toutefois le cou et les cheveux. Cette controverse ne sera probablement jamais tranchée. Une chose est sûre, une poitrine de taille respectable (bonnet C grand minimum) et naturelle est un prérequis, les seins refaits n'étant pas assez souples et souvent trop écartés.*

Du cunnilingus… Et des femmes fontaines !

Je l'ai dit, j'aime les femmes, j'aime tout chez elles, tout avec elles. A l'une dont je baisais les magnifiques pieds nus avec transport qui me demanda mi amusée mi excitée : « Tiens, tiens, fétichiste des pieds ? » je répondis : « Fétichiste de la femme en général. Ne vous inquiétez pas, quelles que soient vos autres zones érogènes, vous y aurez forcément droit. »

J'aime la sodomie, jouir sur leur visage et dans leur bouche, être l'un des heureux protagonistes lors des DP, mais je crois bien que ce que j'aime par-dessus tout, c'est le cunnilingus : je peux y passer des heures. Je me rappelle ma vraie première expérience de cette pratique avec Muriel, rencontrée quelques heures auparavant, ravissante artiste plantureuse à la chevelure de lionne, à la peau dorée et aux ongles faits, de plusieurs années mon aînée, que je léchai avec passion et transport pendant plus de trois passages complets en boucle d'un 33-tour (c'était avant les CD !!). Je n'oubliai pas non plus ses pieds en la pénétrant face à face. Inoubliable… Quelques années plus tard, ce fut la très sensuelle Nathalie, petite bombe aux cheveux bouclés et aux beaux seins lourds, qui s'installa confortablement dans un grand fauteuil, une coupe de champagne dans une main et un cigare dans l'autre, pour que je la lèche à genoux pendant tout le temps qu'elle fuma et dégusta ses bulles. Un rêve éveillé. Plus récemment, au début d'une soirée chez un ami, deux femmes commençaient à allumer les mèches en affectant de contempler l'ouest de Paris et les hauts de Seine par la grande baie vitrée, négligemment cambrées leurs beaux culs nus en bombes. Le tableau était rendu encore plus affriolant et insolite par la disparité des deux physiques, l'une étant une grande blonde de plus d'un mètre quatre-vingt, l'autre une brunette d'un mètre cinquante tout au plus. La tension monta d'un cran quand cette dernière, véritable petit diablotin, vint s'agenouiller devant la grande cariatide pour lui offrir un magnifique cunnilingus. Tandis que je contemplai le spectacle, fasciné, la grande blonde me lança d'un ton moqueur : « Eh bien quoi, vous êtes jaloux ? » Le contre fut dévastateur et la laissa sans voix : « Oui, Madame, terriblement jaloux, d'elle » fis-je en désignant la petite brunette. Dévastateur et gagnant : ce contre me valut en effet plus tard au cours de la soirée le droit de longuement lécher la magnifique blonde dans toutes les positions, dégustant au passage plusieurs giclées de cyprine, et comme elle avait des penchants de dominatrice, de subir tout ce qu'un homme peut se voir infliger d'une telle femme, y compris son fantasme secret que j'exauçai pour la première fois de sa vie. Après quoi, en guise de remerciement sans doute, elle prépara elle-même ma femme déjà empalée sur son mari et m'introduisit pour une double pénétration d'anthologie qu'elle dirigea de bout en bout de main de maîtresse. Mais ne nous éloignons pas du sujet : le cunnilingus !

J'ai déjà expliqué pourquoi, j'aime placer ma tête et ma bouche tout contre leur intimité, sentir au plus près la gradation de leur plaisir jusqu'à ce qu'elles jouissent dans ma bouche. Et si elles sont femmes fontaines, hmmmm, c'est le bonheur… Désolé pour la digression, je reviens au cunnilingus juste après, promis, mais je ne peux vraiment pas faire autrement ! J'aime alors qu'elles giclent abondamment sur mon visage et dans ma bouche et sentir leur liqueur couler le long de ma gorge. J'aime le leur dire, les prier (supplier ?...) de le faire encore et encore. Je suis ainsi particulièrement bien placé pour comprendre parfaitement les femmes que la fellation rend folles et qui aiment sucer frénétiquement plusieurs bites jusqu'à recevoir les belles et abondantes giclées de sperme de plusieurs amants à la chaîne sur le visage et dans la bouche. Il n'y a rien de dégradant à cela, au contraire, on peut même fréquemment se retrouver dans une situation dominante sur la personne qui reçoit la caresse, dans la mesure où on peut contrôler la montée de son plaisir avec un peu de technique, voire dans le cas du cunnilingus l'obliger d'une main ferme à garder les cuisses ouvertes qu'un réflexe voudrait refermer face à une jouissance trop intense. Au-delà de cet aspect domination-soumission, la jouissance buccale connecte les partenaires plus que tout autre chose, physiquement, hormonalement, symboliquement. Je ne sais si toutes les femmes le sont potentiellement, comme certains virtuoses de la technique manuelle le proclament avec assurance, mais les femmes fontaines avérées sont rares, celles rien qu'à la langue rarissimes. Egalement connu sous le nom anglo-saxon de squirting, ce phénomène est très impressionnant et spectaculaire en lui-même autant que par l'effet qu'il produit sur la femme qui se retrouve à vibrer violemment de façon incontrôlée : il résulte en une véritable mare, sur les draps ou sur le sol. Les femmes en sont d'ailleurs parfois gênées de cette éjaculation, puisqu'il faut bien l'appeler ainsi, qui peut les embarrasser et leur faire appréhender les réactions masculines. Heureusement, il y a des hommes qui apprécient, au moins le spectacle ; ceux qui aiment recevoir la giclée en plein visage constitue une minorité très restreinte, à laquelle Votre serviteur est heureux d'appartenir ! Normalement, il faut déjà que le dame soit bien excitée et ait déjà été baisée, y mettre tous les doigts de la main ensemble sauf le pouce qui sert d'appui sur le mont de Vénus et branler vigoureusement tout en étant très précis, et encore cela n'aboutit pas toujours à cette impressionnante giclée annoncée par un beau bruit de succion si caractéristique. J'ai eu et j'ai toujours la chance d'en rencontrer régulièrement, mais je garderai un souvenir particulièrement enchanté de Célia, que je commençai à lécher et à sucer tandis que deux autres hommes à côté ne pensaient qu'à leur queue. Grand bien m'en prit. Elle se montrait très réceptive, se mit à faire le grand écart et à ma grande surprise, elle gicla en moins de trois minutes sur ma langue, divine surprise, sans que j'y mette un seul doigt (c'est rarissime) ! Je ne relâchai pas la caresse et l'orgasme la secoua encore plusieurs fois. Cela la rendit folle, elle repoussa les deux bites qu'elle branlait ou suçait dans ses brefs instants de lucidité, pour se jeter sur ma queue qu'elle pompa jusqu'à la rendre bien dure, tandis qu'elle se laissait prendre en levrette par l'un des deux autres. Elle se positionna alors face à moi et se remit à faire le grand écart tandis que je la pénétrai. Elle me fit ensuite allonger sur le dos et vint s'empaler sur moi, en faisant cette fois le grand écart facial, ce qui me permit de lécher son pied au passage. Cela dura un long moment jusqu'à ce qu'elle revienne s'asseoir sur mon visage. En tout, elle m'avait giclé quatre fois dans la bouche. Concernant le grand écart, j'avouais avoir été fortement impressionné mais ce n'était pas le but : de la sorte, Célia parvenait à faire abstraction de ses jambes et selon son expression « n'être plus qu'un sexe et jouir plus intensément. »

Mais revenons au cunnilingus, pour de bon cette fois ci, promis : au-delà du fait que c'est intrinsèquement délicieux pour les deux partenaires, cela crée un échange des plus intenses. Je ne m'étendrai pas sur le cunnilingus entre femmes, très apprécié par les libertines bisexuelles qui s'y adonnent volontiers. Ses motivations et sa signification profondes sont sans doute différentes de celles du cunnilingus hétérosexuel, mais cela reste à ce jour un mystère pour moi qu'il me sera sans doute interdit à jamais de percer... Pour ce qui est du cunnilingus hétérosexuel, la dame en retire un immense plaisir et l'homme y trouve de grands avantages, pour peu qu'il aime cela et sache s'y prendre. D'abord il rétablit l'équilibre dans le rapport sexuel entre l'homme et la femme, naturellement en faveur de cette dernière comme je l'ai déjà expliqué plus haut. En la faisant jouir de la sorte plusieurs fois, l'homme se donne une chance de tenir la distance. Cela peut aussi sauver la mise en cas de panne, temporaire ou prolongée, ce qui arrive à tous même aux meilleurs. L'homme y gagne aussi la reconnaissance de la dame liée à ce plaisir intense qu'elle y prend, reconnaissance accentuée par le fait que, pour une raison que je ne m'explique toujours pas, peu d'hommes pratiquent, certains arrivant même la queue en avant en oubliant tout le reste et notamment les bonnes manières. Cette reconnaissance se manifeste par des traitements de faveur et des attentions prioritaires au détriment des autres mâles présents et après l'acte par des remerciements des plus flatteurs, surtout quand ils passent par votre épouse, voire une bonne publicité auprès des amies de la dame avec toutes les retombées que cela peut comporter. J'ai à plusieurs reprises eu le bonheur que mon épouse me rapporte les remerciements de dames qui n'avaient « jamais été aussi bien léchées de toute leur vie », mon épouse se retrouvant pour une fois fière de moi et non l'inverse. J'espère leur avoir laissé un doux et inoubliable souvenir et les remercie de m'en avoir fourni l'occasion... Mais ne vous y mettez pas par politesse ou pire par calcul, vous ne feriez que laisser la belle sur sa faim et la décevoir : il faut de la technique mais surtout aimer cela, passionnément !

Comme pour les instruments de musique, il faut savoir et aimer en jouer jusqu'à la virtuosité pour que les notes produites soient agréables et harmonieuses. Pour cela, il importe de savoir découvrir très vite ce qui fait vibrer la belle inconnue qui vous fait ce cadeau et guetter en permanence ses réactions pour choisir à chaque instant parmi toute la palette à disposition la bonne combinaison propre à l'envoyer au ciel : le clitoris, les grandes lèvres, les petites, le vagin dont son légendaire point G, l'anus. Pour moi, l'anilingus fait partie du sujet, je développerai un peu plus loin. Toutes ces zones que l'on peut stimuler de multiples façons : avec la bouche, par la succion, le léchage, l'aspiration, le mordillage ; avec les doigts, un ou plusieurs, par la caresse, le frottement, la pression, la pénétration, en va et vient ou en rotation ou en crochet. Sans oublier les mots, dire à la dame qu'elle est exquise et délicieuse parce qu'on le pense vraiment et aussi joindre le geste à la parole d'une façon terriblement excitante, en suçant lentement avec délice son doigt qu'on vient de retirer tout gluant des délicieux sucs, les yeux plantés dans ceux de la belle. Mais au-delà de cet univers des possibles, je ne puis hélas vous donner ni recette ni mode d'emploi, car on se trouve ici dans le domaine de l'art.

Toute la subtilité du plaisir féminin est là, le flux et le reflux du plaisir, les gémissements, les pulsions contradictoires qui poussent la dame à vous caresser les cheveux avant l'instant d'après de vous les tirer pour vous « forcer » à la lécher puis à chercher votre main pour y unir la sienne alors que vous ne la connaissiez pas quelques minutes avant. Toutes les configurations possibles de la relation entre l'homme et la femme peuvent s'y exprimer : outre l'amour avec son conjoint, la tendresse, un érotisme subtil quand l'homme (ou la femme) a les yeux bandés, l'ambiguïté jamais vraiment résolue entre la domination par l'homme qui force la femme à jouir en lui maintenant les jambes écartées et la domination par la femme qui se fait adorer par l'homme à genoux en lui plaquant le visage contre sa chatte, voire s'assied sur son visage[10], humiliation d'autant plus patente que la dame est plantureuse. Délicieux, ça aussi !

D'un cunnilingus, on peut facilement glisser à l'anilingus, comme pratique à part entière ou comme préliminaire à la sodomie. Si certaines femmes bloquent face à l'anilingus pour cause de tabou, la majorité l'accepte, y compris parmi celles qui ne sont pas sodomites, car au-delà de l'excitation purement psychologique, la sensation physique est très agréable. Même les hommes peuvent en témoigner quand ils ont eu la chance de rencontrer une digne représentante de cette minorité des « bouffeuses de cul ». Très minoritaires, elles ne s'y adonnent pas en guise de préliminaire mais au cœur de l'action, une fois complètement surexcitées et entreprises par ailleurs, ce qui se comprend. Bien entendu, une propreté parfaite est indispensable pour cette caresse et aussi une épilation si c'est un homme qui la reçoit.

Pour finir sur une note grave, il paraîtrait que le cunnilingus accroit le risque de cancer de la gorge, bien plus que l'alcool ou le tabac, à cause du VPH ou papillomavirus (à vos souhaits !). Le risque serait décuplé par la multiplicité des partenaires : avec plus de six partenaires au cours de sa vie, on multiplierait son risque par 8,6... Fichtre, six partenaires, ce n'est parfois même pas le chiffre en une soirée... Je veux bien mourir pour cela et je ne suis sans doute pas le seul.

---

[10] *Cette pratique s'appelle le face-sitting, encore un anglicisme...*

De la fellation

Après avoir parlé du cunnilingus, il est juste d'évoquer la fellation et de compléter ce qui a déjà été dit plus haut à ce sujet. Tous les hommes en sont adeptes et sont déçus quand la dame en face décline. Cela arrive, d'autres exigent la capote hors couple, mais rendons cette justice à nos chères consœurs et compagnes : elles sont beaucoup plus nombreuses à sucer que nous à lécher, honte sur nous, mes frères ! Certaines ne goûtant pas particulièrement cette pratique m'ont même confié faire des fellations de politesse pour ne pas décevoir leurs partenaires et aussi leur permettre de démarrer. La fellation permet aussi aux dames indisposées mais qui ont absolument tenu à se rendre à la soirée, pour l'ambiance ou pour faire plaisir à leur compagnon, de ne pas faire tapisserie et de participer sans défier la Nature qui reste souveraine toujours et partout. Elles n'enlèvent alors que le haut, sans avoir besoin d'être plus explicite, et passent leur soirée à branler et à sucer, à la fois pour leur plaisir et pour rendre service aux consœurs en leur préparant les mâles. Toutes les giclées leur sont alors réservées en guise de juste compensation pour leur indisposition du jour, sur le visage, dans la bouche ou sur la poitrine selon leur goût. Pensez donc toujours et en toutes circonstances, Messieurs, à remercier la dame après la fellation.

Mais nombreuses sont celles qui font cela par pur plaisir et heureusement, sinon, il y aurait de quoi se sentir gêné. Parmi elles, il y a évidemment des bonnes et des moins bonnes suceuses, les suceuses nulles aimant cela étant heureusement très rares. Par contre, quand on tombe sur une experte, ça vaut le voyage : succion, aspiration du gland, léchage de la hampe, gorge profonde, caresse des testicules voire gobage (personnellement, je n'aime pas, mais j'en connais que cela satellise !), toutes les techniques y passent sans oublier le regard de défi les yeux dans les yeux ou la tendresse, qui appelle en retour de douces caresses sur les cheveux de la belle et des mots doux. Comme j'en ai parlé dans le paragraphe consacré au cunnilingus, il y a cette ambiguïté jamais résolue et pour cette raison si excitante, de savoir qui domine l'autre lors d'une fellation. Sauf en cas d'irrumation, qui requiert une invitation explicite de la dame au préalable pour un consentement sans équivoque – « va-z-y, baise moi la bouche ! » – et de la maîtrise de soi de la part du sucé qui doit veiller à ne pas y aller trop fort ni trop s'attarder sous peine de déclencher un vomissement voire un étouffement ; le dense filet de salive produit qui relie le sexe à la bouche qui vient de le relâcher dans un râle est suffisamment excitant comme cela. Ou alors dans le cas de pratiques plus espiègles comme fouetter le visage et la langue tirée de la belle avec son membre[11] ou lui boucher délicatement le nez quelques instants pendant qu'elle le tient en bouche, la prendre par les cheveux (sans tirer, encore une fois !) ou lui intimer l'ordre d'enlever ses mains, en les lui attachant éventuellement derrière le dos. Parmi ces expertes, on trouve les folles de la fellation, que le simple fait de sucer plusieurs queues les unes après les autres met hors d'elles et qui aiment généralement en prendre deux en bouche simultanément ; davantage, c'est malheureusement physiquement impossible. Celles-là vont en général jusqu'à l'éjaculation bucco-faciale[12] qu'elles sollicitent souvent dans les termes les plus explicites, ce qui est très excitant pour nous les hommes surtout à plusieurs et les porte quant à elles au paroxysme. Parmi celles-ci, il s'en trouve qui reçoivent le sperme dans leur bouche, d'autres qui préfèrent ne pas prendre de risque avec les MST et demandent qu'on les prévienne de l'imminence du jet pour fermer la bouche et les yeux, c'est irritant ! Ces différences d'appréciation du risque doivent être respectées, d'autant plus que les deux configurations sont tout aussi excitantes l'une que l'autre. Mais certaines femmes, une bonne moitié selon moi, réservent cette éjaculation bucco-faciale comme preuve d'amour à leur conjoint ou amants de cœur, surtout quand elles avalent, voire ne la pratiquent pas du tout avec qui que

---

[11] *Il existe un mot pour cette pratique, néologisme pas encore entré dans le dictionnaire de l'Académie, ce à quoi il faudra remédier dans la prochaine édition : cela s'appelle une bifle, mot « porte-manteau » composé de « bite » et « gifle ».d'où le verbe bifler également.*

[12] *Avec plusieurs hommes, cette pratique est désignée sous le nom de bukkake (« asperger » en japonais), ayant été systématisée et portée aux dernières extrémités par l'industrie pornographique japonaise, qui y trouva un moyen fort ingénieux de proposer un spectacle excitant qui respecte la législation très restrictive là-bas ; il est en effet interdit de montrer des sexes qui ne soient pas floutés… Si la jeune Japonaise collecte tout le sperme dans un bol et le boit à la fin, ça s'appelle un gokkun. Spécial… Et peu ragoûtant, car comme les sauces, quand ce n'est pas tout chaud sorti du four, ça ne doit pas être très bon ; de fait, je n'ai jamais vu faire en soirée. Certains esprits imaginatifs prétendent que le bukkake était le sort réservé aux Japonaises adultères au Moyen-âge, en plein milieu du village (et du visage !…). Cette parodie de lapidation est bien sûr pure affabulation, issue du télescopage entre la pornographie nippone, les fantasmes et les réminiscences du catéchisme… De grâce, prononcez « Bukkaké » et non pas « Bu-cake » : c'est du japonais, pas de l'anglais et ça ne se mange pas…*

ce soit parce qu'elles n'aiment pas. Mais je ne connais aucune femme dans la Confrérie qui n'aime pas recevoir sur son corps le sperme de ses amants d'un soir, car par-delà l'apparente souillure, quel hommage à sa puissance érotique… Et à son ego !

De la sodomie

La sodomie est plus fréquente chez les libertins qu'au sein des autres couples, mais toutes les libertines ne la pratiquent pas, que ce soit avec leur conjoint ou d'autres hommes. Les raisons sont multiples, qui appellent autant de précautions à prendre pour que la sodomie soit un plaisir pour celles qui s'y adonnent et par ricochet pour leurs partenaires : propreté, douleur, MST, tabou, première expérience désastreuse et traumatisante… Mais cela vaut la peine de lever ces obstacles, si l'on est tenté, tant est intense la sensation pour les deux partenaires, qui va jusqu'à faire perdre complètement la tête y compris aux plus expérimenté(e)s. J'ai mis à la fois au féminin et au masculin car dans le milieu libertin, il se trouve quelques hommes, par ailleurs hétérosexuels exclusifs mais sous l'empire des pulsions de soumission avérées, qui aiment la subir de la part de femmes pour la circonstance harnachées de godes-ceintures, lesquelles y prennent également leur plaisir, psychologique mais aussi physique depuis que des innovations ont développé des modèles à double extrémité, qui leur permettent de profiter elles aussi du va et vient, dans leur chatte. Pour eux, il s'agit juste d'assumer, une fois intégré le fait que physiologiquement, cette zone est aussi sensible que chez les femmes, la prostate en plus, et de surmonter l'inhibition devant une position passive et d'apparence peu virile.

Les dames réservent en général la première fois à leur conjoint, ce qui se comprend. La propreté est plus importante encore pour celle qui reçoit la sodomie que pour celui qui donne et aussi lors des relations hors couple. En cas de pertes après une ou plusieurs sodomies vigoureuses et profondes, c'est la dame qui est la plus gênée : se nettoyer soigneusement avant, voire s'administrer un lavement permet de prévenir le problème. Pour ce qui est de la douleur, il est impératif de prendre toutes les précautions, cette zone étant source de plaisir mais aussi très sensible et fragile. En milieu libertin, les dames seront bien avisées de choisir pour cela des partenaires expérimentés et respirant le calme des vieilles troupes, afin d'éviter des surexcités fébriles et peu attentionnés qui leur feront mal avant même de les avoir pénétrées et gâcheront tout. Pour le reste, je ne m'étendrai pas sur des conseils de base que vous trouverez partout, même s'il est bon d'en rappeler l'essentiel. Messieurs, vous veillerez à bien préparer la dame et aussi à la mettre en confiance par la douceur de vos gestes et de vos paroles, sans précipitation. Un lubrifiant adapté et de bonne qualité est indispensable, surtout ni huile, ni beurre ni vaseline. Le préservatif est obligatoire hors couple. Quand le moment est venu, la dame doit pousser, respirer lentement et profondément pour s'ouvrir progressivement à l'homme qui se conformera au rythme de la dame, ce qui lui garantira une intromission sans douleur. Après quelques va-et-vient en douceur, il n'y a plus qu'à se conformer au désir et aux capacités de la dame, ne rien changer ou passer en mode défonce, pour l'amener au plaisir ! Quelques raffinements ludiques sont possibles une fois la dame bien ouverte et dilatée, avec son consentement bien sûr : rentrer d'un seul coup jusqu'au fond, puis ressortir centimètre par centimètre et vice versa. Les va et vient un coup dans l'anus un coup dans la chatte sont très excitants, mais hélas, pour des questions d'hygiène et de sécurité, seulement envisageables au sein du couple, et encore.

Outre la classique levrette ou la plus rare position allongés sur le côté, les libertins apprécient particulièrement la position de face, la dame étant allongée sur le dos sur le bord d'une table ou d'un lit, à la bonne hauteur pour que l'homme puisse la pénétrer avec les meilleurs appuis, accroupi ou debout. Cette position n'a que des avantages. Outre qu'elle permet la pénétration la plus profonde, elle est très excitante car les deux partenaires peuvent se regarder dans les yeux, tout le monde y compris les tiers peut profiter du spectacle dans ses moindres détails, notamment de la chatte offerte à toutes les caresses et la dame, allongée très confortablement, peut éventuellement sucer un ou plusieurs sexes en même temps, un coussin sous la tête. Le face à face est également praticable l'homme allongé sur le dos, la femme le chevauchant. Quelle que soit la position, Messieurs, n'oubliez pas de vous retirer doucement à la fin pour ne pas tout gâcher.

La zone étant fragile, il vaut mieux éviter la surenchère, comme le fist-fucking anal qui n'est pas exempt de dangers, même si l'on n'a pas de grosses pattes. Je ne me souviens pas l'avoir jamais vu pratiquer au cours des quelques soirées libertines auxquelles j'ai participé au cours de mon existence... La preuve s'il en était besoin qu'une bonne sodomie bien préparée et bien effectuée suffira largement à votre plaisir.

De la double pénétration ou DP

Nous entrons ici dans le saint des saints, la pratique libertine par excellence, même si elle n'est en rien obligatoire, pas plus que la sodomie ni même quelque autre pratique que ce soit. Donc, pas de complexe, ce n'est pas parce que vous n'êtes pas prêt(e) pour la DP que vous n'êtes pas prêt(e) pour le libertinage ! On aurait tort d'attribuer le développement de cette pratique à l'industrie pornographique, même si la grande pionnière Madame Teresa Orlowski y œuvra grandement dans les années 80, ouvrant ainsi la voie à la généralisation des années 90. En effet, des écrits et des représentations graphiques attestent de l'antériorité de la pratique depuis plusieurs siècles, au XVIIIème en particulier voire dès l'Antiquité grecque et romaine. La DP est particulièrement prisée par certaines libertines, pour lesquelles elle est même indispensable à une soirée vraiment réussie. Une dame splendide que je connais très bien rassura en ces termes un homme qui se désolait de ne pas l'avoir fait grimper au rideau lors de leur tête à tête : « Je ne jouis vraiment bien et fort qu'en double pénétration. » Je certifie que ce n'était pas de la politesse…

Souvent pratiquée lors des gang bangs déjà longuement évoqués, la DP procure d'intenses sensations, d'abord à la femme mais aussi aux deux hommes auxquels elle fait le grand honneur de les convier à cette chevauchée fantastique. Emboîtés et bougeant en cadence de façon synchrone, les trois corps n'en font plus qu'un. Outre l'aspect psychologique qui vaut pour les deux sexes, les pénétrations simultanées dans le vagin et l'anus décuplent chez la femme les effets et les sensations de l'une et de l'autre prises séparément, car elle se trouve remplie et sent la paroi qui sépare ses deux orifices sous la pression conjuguée des deux sexes en elle : 1+1 =3 !!! Et même davantage ! Elle se trouve complètement investie, « prise en sandwich » comme on dit, en quelque sorte enveloppée de corps masculins. Elle peut réclamer une troisième bite dans sa bouche pour parachever le tableau et que l'enveloppement soit total, il est néanmoins compliqué pour elle de se concentrer pleinement sur la fellation. Pour les hommes, les sensations sont à l'avenant de celles de la femme qui leur en communique physiquement l'intensité et il faut parfois s'accrocher pour ne pas être désarçonné ! Sentir le sexe de son confrère de l'autre côté de la paroi est singulier et pas désagréable, c'est vrai qu'une DP crée immanquablement un lien entre hommes. C'est d'abord un travail d'équipe, qui requiert bien évidemment du respect mutuel, mais aussi attention et ouverture d'esprit vis-à-vis des autres et de leur mode de fonctionnement. Si l'un des partenaires n'est pas à l'aise, c'est le fiasco assuré pour tout le monde ! C'est aussi un intense moment de complicité, avec la femme mais aussi entre les deux hommes. Deux de nos amis (séparément) et moi l'avons pratiqué ensemble avec plus d'une dizaine de femmes, un jour trois dans la même soirée, ça renforce la relation et aussi crée la confiance, les « automatismes » dit-on dans les milieux sportifs : chaque fois que nous nous apprêtons à faire une DP à une dame, nous savons que cela se passera bien et elle le ressent aussi, ce qui détend tout le monde. Au-delà de cela, le faire avec un véritable ami est merveilleux, de tels souvenirs ne s'oublient pas et consolident l'amitié encore davantage s'il en était besoin.

Ce n'est néanmoins psychologiquement pas à la portée de tous les hommes y compris libertins. La promiscuité avec l'autre homme est en effet telle que certains débandent inévitablement, par malaise, par gêne, par complexe, par peur d'assimilation à de l'homosexualité ou que sais-je encore. Cela se comprend, mais c'est dommage pour eux et personne n'y peut rien.

Même pour les plus expérimenté(e)s, une DP n'est jamais anodine. Il faut au préalable mettre en place toutes les conditions matérielles et psychologiques du succès, en termes de personnes, de lieux, de circonstances. Pour sa première DP, je recommande à la femme d'abord de bien choisir deux hommes de confiance, qu'elle les connaisse déjà ou qu'elle ait pu se faire une idée de leur expérience, de leur savoir-faire et de leur savoir-vivre. Puis, surtout si c'est en club, de s'isoler avec eux dans une alcôve pour ne pas être importunée par une foule surexcitée qui la stresserait et ferait tout rater ; l'idéal étant de le faire en soirée privée voire à domicile ou à l'hôtel entourée des seuls protagonistes. J'ai déjà eu cette demande d'une très élégante femme mûre et de son mari qui m'avait testé en un contre une en club, avant de me demander de lui organiser sa première DP à domicile, me laissant à charge de trouver l'autre étalon ce qui ne fut pas trop difficile.

Sauf pour quelques cascadeuses chevronnées, on n'attaque pas en soirée directement par la DP, surtout si la dame est novice. Il faut de longs préliminaires et il est même préférable que la dame ait au préalable déjà bien été baisée et sodomisée pour être à la fois excitée et bien ouverte. Elle doit être parfaitement détendue et en confiance. Soit c'est elle qui réclame sa DP, sinon, on peut lui demander ou lui suggérer mais en étant le plus rassurant possible. Comme pour la simple sodomie, la lubrification soigneuse avec le gel adapté est indispensable. Et quand le moment est venu, surtout, pas de précipitation ni de fébrilité.

Acceptez je vous prie que je parle maintenant un peu de technique ; je m'en voudrais, amie lectrice, ami lecteur, que vous vous trouviez en échec à cause de moi pour des questions bêtement matérielles et mécaniques parce que j'aurais omis de vous prodiguer les conseils de base : il faut d'abord une surface suffisamment dure, de bons appuis étant indispensables ; un lit avec un matelas de bonne qualité ou par terre sur un tapis épais font l'affaire. Un prérequis pour les hommes, avoir un sexe suffisamment long. Désolé, c'est un peu trivial, mais les positions comportent des contraintes en termes d'angles, qui font qu'un sexe trop court se fera inévitablement expulser ce qui lassera rapidement les protagonistes. Mais rassurez-vous, pas besoin d'en avoir une de vingt-cinq centimètres, quinze suffisent ; c'est la moyenne française, paraît-il ? En tout cas, il faut bander dur, particulièrement pour celui en charge de la pénétration anale. Mais aussi de façon prolongée, surtout pour celui qui est en-dessous, car on perd l'excitation facilement dans cette position peu confortable car très confinée, pratiquement sans possibilité de se mouvoir et où on l'on n'a pas la vue d'ensemble. Ce n'est pas donné à tout le monde, mais j'ai la chance de faire partie de ceux-là. Pour ce qui est des positions, il n'y en a pas des dizaines, pour des raisons physiques évidentes et mieux vaut faire simple au moins lors des premières tentatives pour ne pas s'égarer dans des positions qui ne fonctionnent pas et feront inévitablement débander.

Première position, la plus simple et recommandée pour les premiers essais : l'un des deux hommes s'allonge sur le dos, les jambes serrées, la dame vient face à lui s'empaler vaginalement sur son sexe, les genoux à terre de part et d'autres de ses hanches à lui. Après quelques va et vient pour conforter l'érection, faire une pause bien au fond afin que la dame s'allonge sur son partenaire et se cambre pour offrir sa croupe à l'autre qui vient se positionner derrière, à genoux de part et d'autre des jambes du couple déjà installé. En ouvrant ses fesses à deux mains sur une vue très excitante, elle

l'invite alors à la pénétrer à son tour par le petit trou et c'est parti !
Commencer un va-et-vient doucement sans chercher à y mettre toute la
longueur, en laissant la dame donner le rythme et en se synchronisant avec
l'autre homme ; la dame pouvant appuyer l'une de ses mains sur la face
antérieure de la cuisse de son sodomiseur pour contrôler le rythme et la
profondeur de la pénétration. On peut alors augmenter la cadence selon son
désir, auquel il faut être attentif en permanence. Il existe des variantes à
cette position de base, qui permettent à l'homme en dessous d'être moins
contraint au niveau de ses jambes, mais exigent davantage d'expérience du
sodomiseur. Ce dernier doit alors trouver une autre position plus de biais
ou se mettre carrément sur ses pieds et ses mains, surplombant le postérieur
de la dame, ce qui donne une pénétration anale verticale très excitante et par
là-même rendant moins facile le contrôle de l'éjaculation et nécessitant de
bons adducteurs.

L'autre position de base se met en place de la même façon, l'un des
hommes allongé sur le dos, mais cette fois, la dame s'empale analement dos
à lui, s'appuyant en arrière sur les mains et ouvrant ses cuisses à l'autre
partenaire sur sa chatte qu'il peut alors pénétrer vigoureusement car l'angle
ainsi obtenu est optimal. Un peu plus compliquée à mettre en œuvre et à
tenir, cette position nécessite une érection maximale du sodomiseur,
d'autant que la femme pour son confort ne tardera pas à s'allonger
carrément sur lui. Elle se trouve alors dans une position aussi confortable et
agréable que la première. Pour les hommes, les rôles dans chacune des
positions ont leurs avantages : Ils peuvent tous les deux caresser les seins de
la dame, le sodomiseur jouit de l'orifice le plus serré, mais c'est celui qui se
retrouve face à la dame qui profite du magnifique spectacle des expressions
du plaisir sur son beau visage et peut l'embrasser à pleine bouche. Pour ma
part, je préfère sodomiser dans la première position et pénétrer
vaginalement dans la deuxième. De toute façon, on peut alterner au long de
la séance !

A côté de ces deux positions principales, il y en a quelques autres
beaucoup plus difficiles à mettre en place et à tenir longtemps. Rassurez-
vous, elles n'apportent pas grand-chose de plus, on peut tout à fait se
contenter des deux positions précédemment citées.

Debout en portant la femme dans ses bras qui se pend au cou de
l'amant qui la pénètre, le deuxième homme venant alors la sodomiser. C'est

très physique, même si la dame est légère, sans compter des questions de tailles relatives des partenaires qui peuvent rendre l'opération quasi-impossible. La bougie à double flamme, la dame se positionnant en chandelle avec un coussin sous la tête pour protéger ses cervicales, prenant le cas échéant appui sur le dossier d'une banquette, les deux hommes debout viennent alors la pénétrer verticalement en lui maintenant les jambes écartées, dos à dos, en étant très précautionneux pour ne pas faire mal à la dame. Très amusant, mais pas très stable ni très confortable et très compliqué à tenir, même avec des queues dures comme du béton. Enfin, la dernière position où le premier amant sodomise la femme allongée sur le dos face à lui, l'autre venant au-dessus d'elle la pénétrer vaginalement, les fesses touchant pratiquement l'abdomen de son camarade. C'est difficile à mettre en place, acrobatique et peut être gênant pour les hommes car vu de loin, on se demande qui encule qui, ce qui fait que je n'ai jamais vu cela dans la Confrérie. A réserver aux hardeurs professionnels !!

Une DP doit toujours commencer doucement. Après, c'est selon les goûts de chacune. La DP peut être hard et même très hard, c'est d'ailleurs l'image qu'en ont en général les profanes, déformés par leur seule référence que constituent les films pornographiques. Dans ce cas, c'est un pilonnage en règle (en faisant toutefois attention à ne pas faire mal), une avalanche de mots crus en surenchère « salope ! salauds ! défoncez moi bien à fond ! Qu'est-ce que tu prends, grosse pute ! Plus fort, bande d'impuissants ! Etc. » des râles, regards salaces et de défi, tirages de cheveux, fessées, gifles (c'est alors surtout l'homme face à la dame qui prend le plus !), jeux de salive et ça se termine par des éjaculations démonstratives sur les orifices, les seins ou le visage de la dame. Et s'il y a davantage d'hommes, ils peuvent non seulement remplir sa bouche, mais aussi se succéder au-dessus d'elle dans son orifice ainsi exposé, l'anus ou le vagin selon la position, il s'agit alors d'une DP à la chaîne, réservées aux intrépides expérimentées et surexcitées uniquement. Pas très romantique, tout ça… Mais très excitant, surtout quand on écarte à deux mains les fesses de Madame pour faciliter le passage des confrères. N'allez néanmoins surtout pas croire que la DP et la douceur ne sont pas compatibles, bien au contraire : Mesdames qui fantasmez à l'idée de recevoir deux hommes en vous simultanément mais que le rough sex et la DPS[13] rebutent, n'hésitez plus. Cela se déroulera tout en douceur,

---

[13] *Dans ce contexte, Double Pénétration Sauvage, et non pas Droits Préférentiels de*

avec un va et vient régulier et bien synchro, des caresses, des câlins, des baisers, et même des mots doux « continuez mes chéris ! Ça te plait ? Tu es belle, tu es magnifique, etc. » des regards embués de tendresse, les gémissements et le ronronnement de la belle, dont le bien-être dans ces moments-là rappelle celui d'une chatte que l'on flatte. Si c'est plutôt cela qui vous tente, Mesdames, faites le de préférence avec votre chéri, actif ou spectateur, que le ou les autres hommes soit un proche ou un inconnu importe peu pourvu qu'il soit expérimenté, vous passerez un moment merveilleux et ne résisterez pas après la jouissance à savourer un long moment allongée nue sur le lit avec vos deux chevaliers servants, épuisés mais ravis. Exprimez juste très clairement vos désirs, comme le fit pour elle le mari de Catherine qui nous demanda d'être doux, gentils, de la caresser et de lui faire des compliments, ce pour quoi nous n'eûmes pas besoin de nous forcer.

Pour celles d'entre vous, Mesdames, que l'appréhension de la sodomie retient de passer à l'acte, une autre variante de la DP vous permettra de l'assouvir en toute sérénité : la double vaginale. Toute femme est capable d'encaisser cela, le vagin étant suffisamment élastique, ce qui ne vous dispense pas, Messieurs, d'y aller doucement. Les positions de base sont les mêmes que pour la double pénétration « classique ». Les sensations sont très intenses, sans risque de douleur pour la dame, pour les hommes aussi, car c'est quand même très serré, et le frottement direct, plutôt agréable, crée là aussi une grande proximité ! La double vaginale pourra constituer pour vous une étape vers la DP ou alors un aboutissement en soi qui suffira à votre plaisir.

Par contre, si vous souhaitez encore davantage, la double anale est faite pour vous et vous procurera des sensations inégalées tout en restant raisonnable. Les préparatifs et les précautions sont les mêmes que pour la DP, appliqués de façon encore plus stricte, c'est tout de même loin d'être anodin voire carrément exceptionnel. Le choix des partenaires est encore un peu plus crucial que pour la DP, il faut beaucoup d'expérience. Pour un aspect technique, il est bon que l'un des deux partenaires soit le mari ou le compagnon habituel de la dame, car il existe des risques d'éclatement entre les deux préservatifs, même s'ils sont de très bonne qualité, car ils se retrouvent très comprimés et en frottement direct intense. Y aller très, très doucement après de très longs préliminaires, ensuite, c'est le paradis pour la dame comme pour ses deux partenaires. A ne pas faire tous les jours et à consommer avec modération néanmoins, car l'anus même de la plus coquine des libertines n'est pas fondamentalement fait pour ça… Bien fait, c'est la jouissance totale. Chère Cécile, au beau visage radieux encadré d'une coupe à la Louise Brooks, qui m'aviez reconnu et gaiement salué en me rappelant que je vous avais copieusement sodomisée lors de notre première rencontre, avec votre beau sourire qui disait que nous passerions immanquablement un nouveau moment ensemble ; comme vous étiez belle lorsque allongée sur moi avec quatre autres hommes dont votre mari autour de vous, vous nous aviez remercié dans un cri extatique : « Merci, Messieurs, de me baiser comme cela, c'est délicieux ! » puis à l'adresse du reste de l'assistance : « j'ai deux bites dans mon cul en même temps et j'aime ça !», surexcitée au point de ne même plus contrôler la fellation et le branle des trois autres que vous avez quelque peu malmenées sans le vouloir… Vous n'en reveniez pas, c'était une première pour vous et je me félicitai de l'initiative que j'avais prise en vous caressant du geste et de la parole pour vous amener tout en douceur à cette extrémité. Vous étiez magnifique dans ce moment de plénitude. Votre émotion était telle qu'après l'action, vous nous avez réitéré vos remerciements en nous serrant contre vous, pas encore complètement revenue sur terre. Dans cette euphorie, vous n'avez attaché que peu d'importance au fait que votre mari était fâché de ne pas avoir été de cette grande première, un autre ayant saisi plus vite que lui l'opportunité de me rejoindre dans votre petit trou. Je le consolai en lui disant que le premier n'avait tenu que quelques instants, contrairement à lui qui était parvenu bien au fond juste après et vous avait limée de concert avec moi pendant de longues minutes, ce qui était la stricte vérité. C'était d'ailleurs la première fois pour ces deux hommes également. Le caractère peu banal de la pratique fait qu'il y a beaucoup de premières fois proportionnellement. Adepte de cette pratique, je l'apprécie aussi pour cela, quand c'est la première fois non seulement pour la femme mais aussi l'autre homme, et pour ce qu'ils expriment alors pour cette expérience indéniablement marquante.

Je ne m'étendrai par contre pas sur d'autres variantes carrément extrêmes, dont je signale juste l'existence, mais qui relève d'une surenchère dangereuse : il s'agit des triples pénétrations, une dans l'anus/deux dans la chatte, l'inverse, voire trois dans l'anus simultanément. Très compliqué car comportant des prérequis géométriques et morphologiques spécifiques : ça fait beaucoup de jambes à emboîter dans un espace restreint, suppose une élasticité du petit trou au-delà du raisonnable et nécessite des érections en béton armé aux limites du naturel. Potentiellement dangereux, laissons cela aux hardeurs et hardeuses professionnels, il n'est pas nécessaire d'en arriver là pour trouver son plaisir.

De la domination/soumission

Je préfère cette appellation D/S (Domination/Soumission) à celle de BDSM (Bondage – Domination (ou Discipline selon d'autres versions) - Sadomasochisme) qui est celle qu'ont tendance à utiliser entre eux les « vrais » membres de cette communauté. L'appellation D/S se suffit en effet à elle-même et ne met pas en avant une idée de violence qui n'est en fait pas à sa place et permet d'englober des pratiques dites de « SM soft ». Je ne pense pas qu'il soit bon d'attacher un jugement de valeur au distinguo entre SM soft et « vrai » SM, le seul critère qui vaille est le plaisir qu'y prennent les participants.

Il y a des points de contact entre la Confrérie et le milieu BDSM, mais les deux milieux ne se confondent pas, loin s'en faut, tous les libertins ne faisant pas dans le BDSM et réciproquement. De plus, le BDSM peut parfaitement se pratiquer à deux, au sein du couple ou non, et n'a alors pas de rapport avec le libertinage. Si les clubs « généralistes » et les espaces aménagés chez des particuliers pour le libertinage ont tous ou presque leur petit coin SM, avec croix de Saint-André ou menottes à fourrure rose accrochées au mur, un martinet et une cravache, en libre-service ou à demander au bar, parfois un sling, il existe une poignée de clubs spécialisés BDSM dédiés à ce genre de plaisirs, avec des noms souvent amusants, et par ailleurs des donjons propriétés de maîtres et de dominas, également dédiés où là aussi le matériel est beaucoup plus fourni et l'ambiance sensiblement différente de l'ambiance libertine classique, « vanille » disent les vrais membres de la communauté BDSM. Pour ce qui est de reconnaître dans le civil ces membres à part entière de la communauté BDSM, pas les simples visiteurs dont je fais partie, il suffit de regarder leur alliance : ils ou elles portent une bague reproduisant un collier de chien, avec un petit anneau métallique sur le chaton. Certains peuvent ne pas la porter par discrétion, mais quand ils la portent, c'est du sûr !

Il y a une certaine dose de réprobation qui entoure ces pratiques, y compris dans le milieu libertin, sans doute du fait de leur violence plus ou moins symbolique et aussi de quelques faits divers tragiques.

De grâce, évitons le poncif éculé du « PDG-homme-dominant-dans-la-vie-sociale-qui-veut-se-faire-humilier-et-piétiner-au-lit » et de son pendant la business woman « Le Diable s'habille en Prada », hautaine, désagréable et odieuse le jour mais qui se soumet la nuit comme la dernière des petites chiennes, ainsi qu'a contrario de la femme subalterne dans la vie de tous les jours qui se venge comme cela. La vie courante et les jeux sexuels sont deux univers qui n'ont rien à voir.

Les ressorts de la soumission sont complexes et diffèrent sans doute entre les hommes et les femmes. Je ne développerai pas le sujet, car cela nécessiterait une étude approfondie et partiellement hors de notre propos. Si les femmes dominées le sont toujours en tant que femmes dont les supposées faiblesse et vulnérabilité sont alors poussées à leur paroxysme, une minorité des hommes soumis se livrent à des maîtresses qui les féminisent, par le travestissement jusqu'à la mise en scène d'une homosexualité passive simulée ou réelle, avec dans ce cas le renfort d'un autre homme. C'est le dénouement de La Vénus à la fourrure de Sacher Masoch. Je n'ai jamais été témoin de ce genre de pratiques dans le contexte libertin, elles sont probablement plus fréquentes dans le milieu BDSM au sens strict. Le plus souvent, les hommes qui se soumettent le font sans équivoque, en tant qu'hommes hétérosexuels sans ambigüité qui aiment les femmes jusqu'à la vénération et assouvissent ainsi cette passion.

J'aime la D/S. Ce type de plaisir est d'une intensité extrême et exceptionnelle, voire inégalable, jusqu'à perdre le contrôle et même la tête. A titre de comparaison, quand je m'occupe d'une double pénétration sur la personne d'une belle dame gourmande, je peux facilement être surexcité mais je garde toujours un minimum de contrôle, et heureusement car sinon, l'affaire tournerait court. Mais dans la situation de soumis dans le cadre de la D/S, je perds vraiment complétement la tête. C'est pourquoi j'aime passer de temps en temps entre les mains d'une domina ou plusieurs, mais ce n'est pas une paraphilie par laquelle je serais obligé de passer pour parvenir au plaisir. C'est juste une possibilité parmi d'autres et c'est tant mieux pour moi ! De même, je n'irai jamais jusqu'au niveau de certain(e)s maîtres(ses) ou soumis(es), qui n'ont même plus de rapport sexuel pendant ces jeux, le tout devenant affaire purement cérébrale à base de paroles, d'humiliations, d'adoration-vénération, de liens et supplices divers (coups, pincements, suspensions, cire chaude…) pendant des heures. Ça aussi c'est délicieux, mais j'aime trop infliger les derniers outrages à mes soumises… Et que mes dominas m'infligent les derniers outrages !! Il y a néanmoins une très forte dimension cérébrale et cérémonielle de toute façon, qui commence par la procession tenu(e) en laisse, le silence. La procession tenu(e) en laisse se fait toujours avec lenteur, quelle qu'en soit la variante : l'esclave à quatre pattes ou debout les mains attachées dans le dos, portant éventuellement la cravache entre les dents, bâillonné ou non, masqué ou à visage découvert, les yeux bandés ou à découvert, cette dernière variante étant le plus humiliante car il faut affronter le regard des tiers le cas échéant, la procession ayant aussi pour but l'exposition. Des inscriptions « avilissantes » peuvent être écrites au rouge à lèvres ou à l'eye-liner, sur le front ou le corps du soumis ou de la soumise : soumis(e), esclave, salope, pute, et parfois beaucoup plus élaboré ; certains colliers de chien portant eux-mêmes l'inscription. Le silence est aussi la règle pour l'esclave, qui ne parle que quand sa maîtresse ou son maître le lui ordonne. Seuls les gémissements de douleur ou de plaisir sont tolérés et encore l'esclave peut-il se retrouver bâillonné s'il y en a vraiment assez… Je venais d'être attaché à la croix de Saint-André par la domina qui me préparait, des curieux murmuraient en observant à la dérobée, certains ou certaines se défaussant ainsi de n'avoir pas osé l'expérience dont peut-être ils rêvaient secrètement. Les commentaires étant presque à voix haute, je tournai la tête et lâchai à destination du petit groupe : « un peu de silence, s'il vous plaît ! C'est une cérémonie religieuse tout de même ! » La domina me prit alors doucement mais fermement par le menton pour tourner mon visage vers le sien, m'intima le silence par un « chut ! » le doigt sur sa bouche, puis me gifla avant qu'un coup de martinet ne vienne me cingler les fesses, ce qui fit du même coup taire toute l'assistance. « Pardon, divine Maîtresse ! » puis la cérémonie put alors commencer…

Je parle de cérémonie car la dimension rituelle, qui existe dans la sexualité conventionnelle, se trouve amplifiée dans le libertinage, mais c'est dans le BDSM qu'elle est portée à son point le plus haut. Et quand les deux, BDSM et libertinage, se trouvent mêlés…

Ce qui caractérise maîtres et maîtresses dans l'âme, c'est leur don de déceler les soumis(e)s en un instant, sans doute renforcé par l'instinct chez les femmes. Nous nous trouvions un jour dans un club où nous étions inconnus. Je m'arrête au joli spectacle d'une femme accroupie en train de sucer son mari et un autre homme. Une femme arrive et vient s'adosser au mur à côté de moi : « J'aime bien mater, moi aussi. Vous permettez ? » me souffle-t-elle en souriant. J'acquiesce en silence pour ne pas déranger le trio. La dame a de la prestance et de belles formes. Après quelques minutes, j'entreprends de lui caresser doucement les seins d'une main à travers son chemisier, sans que nous cessions de contempler en silence le tableau. Nous passons un long moment ainsi. Je me présente et lui demande son prénom. Sans répondre, elle déboucle ma ceinture, non pour me déboutonner mais pour la faire glisser hors des passants. C'est alors qu'elle se rapproche pour me glisser à l'oreille : « Maîtresse ! » et avec une vélocité inouïe, elle me passe la ceinture autour du cou et m'entraine au sol genoux à terre, me fait basculer le buste en avant en m'enjambant, et je me retrouve la tête bloquée en dessous de ses genoux à lui lécher les pieds chaussés de mules à talons aiguilles. Après quelques instants de ce jeu, elle me relève tout aussi brutalement à l'aide de la ceinture toujours autour de mon cou, me fixe quelques instants d'un regard dominateur et magnifique. Mon rythme cardiaque s'est envolé, je suis déjà en son pouvoir, je reçois une gifle : « suis-moi ! » Elle m'emmène vers une alcôve où elle m'ordonne de me déshabiller complétement sans avoir relâché la ceinture un seul instant. J'exécute tous ses ordres sous les insultes, les mots crus et les coups de la ceinture qui sert désormais à la fois de fouet et de laisse. Ce sont les hommages de ma langue qu'elle veut : sur ses pieds, ses seins, son anus – pour mon humiliation - et sa chatte – pour son plaisir. Mon épouse passe alors une tête, ma dominatrice la reconnait car elle nous a aperçus tout à l'heure au dîner :

- Bonjour ! Je vous l'ai emprunté, ça ne vous dérange pas ?
- Pas du tout ! Je vous en prie, je crois qu'il apprécie beaucoup.
- Je le crois aussi. Merci infiniment ! Je vous le ramène quand j'en aurai terminé avec lui.

Sous le fallacieux prétexte que mes caresses auraient été moins appliquées pendant sa brève conversation, ses coups redoublent d'intensité, elle reçoit alors le renfort d'une de ses amies qui poursuit la flagellation de plus belle pour qu'elle puisse se concentrer pleinement sur son plaisir. Ses cuisses se resserrent autour de ma tête et après une longue montée, son plaisir explose dans ma bouche en longues giclées dont je me délecte. Elle m'emmène ensuite à la douche où je dois encore la servir à sa toilette, puis me ramène à mon épouse et s'installe au bar avec elle en m'intimant l'ordre de les laisser et lui offre un verre. Mon épouse me débriefera : la dominatrice l'a chaleureusement remerciée et complimentée sur mon compte (ça fait toujours plaisir !). Ce qui est plus singulier, par contre, c'est que bien que nous soyons inconnus dans cet endroit vanille[14], elle a parfaitement compris toute seule que le D/S n'était pas le truc de mon épouse ni dans un sens ni dans l'autre, mais surtout que pour ce qui me concerne, il ne lui avait pas fallu plus d'une minute sans parole pour être fixée, d'où les libertés qu'elle avait prises. Impressionnant... Véritables passionnés de leur art, les véritables maîtres et maîtresses se caractérisent aussi par leur finesse psychologique, leur tact et leur grande capacité d'écoute. J'en ai déjà vu à plusieurs reprises amener à une initiation poussée des gens que rien n'y prédisposait a priori – pas comme moi.... – et en plus que cette expérience soit agréable. C'est dans ce genre de circonstances que mon épouse, et plus encore son dominateur, me laissèrent sans voix au cours d'une soirée il n'y a pas si longtemps, elle en qui ce genre de pratique n'avait jamais suscité le moindre intérêt ni curiosité dans un sens comme dans l'autre malgré une vie sexuelle plutôt bien remplie. Ce fut un coup de maître, sans jeu de mot.

Je suis « switch », c'est-à-dire que je passe indifféremment et instantanément d'un état à l'autre, de soumis à dominateur et vice versa ; quand je rencontre une femme dans le même cas, ça fait des étincelles... Mais c'est hélas plus rare qu'on ne le pense, alors que les bons maîtres font les bons esclaves et inversement, j'en suis convaincu. Dommage.

J'aime soumettre des femmes, les tourmenter avec délices, aussi bien en one to one qu'en groupe, encore que les deux approches soient quelque peu différentes. Le rapport en one to one est forcément plus intime et cérébral, l'excitation plus intense en groupe. Ah, le magnifique regard de soumise de Florence, implorant et frémissant de désir. Quelques instants avant son entrée tenue en laisse par son mari, presque nue, un collier portant l'inscription sans équivoque « salope », notre hôte avait espièglement désigné volontaire mon épouse parmi les quelques femmes présentes pour

---

[14] En l'espèce, club échangiste mais non SM.

la soumettre, ce à quoi elle n'avait pu se soustraire malgré ses sincères protestations : « mais je ne sais pas faire cela ! » Mais c'était quelques semaines après sa première expérience de soumise relatée ci-dessus. Aussi, lorsqu'elle vit la belle Florence arriver puis mise à genoux par son mari au milieu d'un groupe de six hommes dont celui qui tient la plume, elle s'en fut quérir un martinet et une cravache. Elle revint tandis que j'étais le premier à me faire sucer, ayant annoncé à la soumise qu'elle lécherait la chatte de ma femme après l'avoir suppliée et qu'en attendant, elle me sucerait la bite. Elle s'exécuta et me fit instantanément dresser, c'est à ce moment que son beau regard de soumise me frappa et que mon épouse se fraya autoritairement un chemin entre les hommes entourant Florence, lui flatta les bouts de seins de sa cravache avant de lui en fustiger le postérieur, puis la prit par les cheveux et joignant le geste: « Allez, gorge profonde, petite salope ! » Florence déjà haletante de plaisir dut bien sûr remercier « Madame », une petite gifle lui rappelant les règles élémentaires de la politesse en la circonstance. Elle passa rapidement d'un sexe à l'autre sous les injures salaces et fut ensuite inlassablement baisée sans ménagement pendant une bonne heure faisant orgasme sur orgasme, comme une autre soumise arrivée entretemps et qui avait quant à elle au préalable subi de la part de son mari une flagellation debout accrochée à l'anneau au centre de la pièce avant d'être livrée à son tour. Pendant tout ce temps, mon épouse s'amusa comme une petite folle à dominer ces deux soumises et à diriger les hommes comme l'aurait fait un metteur en scène, avant de retourner à des occupations plus « habituelles » pour elle. Je goûtai moi aussi cette séance de domination sur ces deux superbes femmes qui savaient parfaitement ce qu'elles voulaient et l'obtinrent avec grâce.

Mais j'aime encore davantage leur appartenir, être leur chose, leur esclave… Quand je domine une femme, il suffit qu'elle se révolte pour que je me retrouve à sa main en un instant et qu'elle pose son pied sur ma nuque, à part quelques-unes très rares auxquelles ce rôle n'irait vraiment pas. Dans ces moments-là, je leur en « veux » justement de ne pas prononcer le mot, de ne pas faire le claquement de doigts qui suffirait à inverser les rôles et à me jeter à leurs pieds, alors en guise de punition, je redouble de raffinement pervers… Pour leur plus grand plaisir ! Disons que sur une échelle de 100, mon goût pour la domination est à 99, mais mon goût pour la soumission est à 100. Comme je discutai de cela avec un maître dont la domina d'épouse venait de me faire passer une heure piquante avec une de ses amies, il me dit en riant : «Vous devriez vous faire psychanalyser, cher ami !» à quoi je lui ai répondu que je n'en avais pas besoin, que je m'accommodais assez bien de toutes les bizarreries qui coexistent dans mon cerveau.

Je ne suis pas un expert ni un puriste, j'ai juste le niveau de connaissance et de pratique de base, le matériel de base, mais cela permet de passer et faire passer de bons moments et en tant que dominateur, d'éviter les accidents pour mes soumises ; et en tant que soumis également. Sur le SM ou la D/S, je conseille à ceux et celles qui veulent une initiation de bien choisir leur domina(s) ou leur maître(s), et de les prendre experts – j'allais dire professionnels, mais le terme prêterait à confusion.

D'abord parce qu'il faut une totale confiance pour que cela se passe bien, il s'agit d'un don de soi sinon extrême, du moins assez poussé ; arriver stressé n'est pas bon du tout. A ce propos, ceux ou celles qui le veulent peuvent se faire accompagner de leur conjoint, dont la présence les rassurera même si ce n'est pas son truc. Cette présence peut même être très excitante. Ah, cette belle séance à laquelle mon épouse assista sans participer en prenant le thé en compagnie de l'amie qui nous avait mis en relation avec les trois dominas qui me réglèrent mon compte !... Ensuite pour ne pas tomber sur des tortionnaires psychopathes car il y en a même si c'est heureusement une toute petite minorité, mais aussi et surtout – risque le plus fréquent – sur des amateurs qui après avoir lu l'affligeant 50 nuances de Grey vont s'acheter la panoplie et la mallette Le petit Maître ou La petite Domina et s'imaginent rejouer le livre, avec une forte probabilité que ça se termine aux urgences, avec des pompiers qui auront sans doute du mal à se retenir de rire, même si les conséquences peuvent être dramatiques. Des liens serrés trop forts, une flagellation mal placée ou mal dosée, des intromissions d'objets inadaptés ou sans précaution, des pinces ou des poids mal fixés, une cire chaude impropre à cet usage ou mal versée, des liens mal faits ou mal placés, un(e) soumis(e) laissé(e) sans surveillance et ça peut mal finir. Une domina ou un maître expérimentés sont équipés du bon matériel adapté, souvent une pleine valise, et surtout ils savent s'en servir et veiller sur leurs esclaves. Il sera systématiquement discuté au préalable des pratiques acceptées, des limites, des pratiques interdites, éventuellement d'un scénario et convenu d'un safe word, que j'ai déjà évoqué. Si tel n'était pas le cas, fuyez ! L'interprétation est restrictive : toute pratique non explicitement désirée et acceptée est réputée proscrite. La domina ou le maître doivent s'y conformer, il n'existe pas de chèque en blanc, et la pression psychologique sur le soumis ou la soumise est prohibée. L'utilisation du safe word ne constitue en aucun cas un aveu de faiblesse. D'ailleurs, avec un bon maître ou une bonne domina, le safe word n'a que très exceptionnellement besoin d'être utilisé, car ils sont constamment à l'écoute des réactions de leurs soumis(es). Personnellement, je ne l'ai jamais utilisé. Ce cadre posé, les variations sont laissées à la discrétion de la domina ou du maître et à son imagination qu'on souhaite débordante et l'on peut commencer en toute sécurité et sérénité. Je suis ressorti des mains de la domina que je mentionnais absolument intact et sans la moindre marque, alors que j'avais bien dégusté... J'ai pris un très grand plaisir à tout ce qu'elle m'a infligé, encore intensifié par l'attention discrète mais de tous les instants qu'elle me portait. Je la savais à l'affût et à l'écoute de toutes mes réactions, et même durant le long moment où j'avais les yeux bandés, je la sentais moduler les sévices quand mes réactions laissaient penser que j'étais à la limite, faire des pauses même très courtes au cours desquelles je sentais son souffle sur mon visage, parfois des caresses et quelques doux murmures, juste le temps de reprendre le cours normal des choses. La domination n'exclut en effet pas la douceur, au contraire... Cette sécurité accentue la plénitude de tels moments, et quel bonheur de se sentir le centre des toutes les attentions, surtout quand il y a plusieurs dominas en même temps, on flotte alors dans la ouate d'un petit nuage... Même lorsque l'une d'entre elles fait claquer violemment un fouet par terre pour infliger un doux stress supplémentaire à l'esclave, ce qui fait un bruit impressionnant, surtout quand on a les yeux bandés !... La douche écossaise est un ingrédient essentiel d'une séance de D/S réussie... Au passage, les injonctions contradictoires aussi : par exemple être puni pour avoir osé bander devant la Maîtresse sans qu'elle en ait donné l'ordre, puis cinq minutes après pour au contraire ne pas bander alors que la Maîtresse est si belle, et quand on se dénonce soi-même, c'est encore meilleur !... Comme c'est très cérébral, les situations, les mots sont très importants pour faire cheminer l'esclave jusqu'au plaisir. Baudelaire (ou Wilde[15]) s'est lourdement trompé lorsqu'il a écrit qu'aimer les femmes intelligentes était un plaisir d'homosexuels. Une femme de caractère avec de l'esprit est déjà tellement

---

[15] *La paternité de cette citation fait débat, mais qu'importe.*

plus séduisante et excitante qu'une ravissante idiote dans le cadre libertin, c'est carrément indispensable dans le contexte D/S. Et elle jouit tellement mieux ! J'ai toujours bien choisi ou on a toujours bien choisi pour moi mes dominatrices, qui ont toujours été parfaites. En tant que dominateur, je le répète, je ne suis pas expert. Je ne fais pas de bondage, pinces et autres aiguilles (surtout pas !), juste la base, mais je la fais bien, notamment en ce qui concerne le soin constant dont la soumise doit être l'objet, guidé dans ce domaine par les dominatrices qui se sont si bien occupées de moi et que je remercie encore de tout cœur…

Jeux humides

Je dois prendre quelques précautions liminaires avant de commencer ce paragraphe : je comprends celles et ceux que cela choque, aussi les invité-je à passer au paragraphe suivant, au sujet plus léger. Mais la pratique, quoique largement minoritaire, n'est pas complètement exceptionnelle ni marginale, aussi me dois-je de l'évoquer pour tous les autres lectrices et lecteurs, et pas seulement la très petite minorité d'adeptes.

L'urolagnie ou encore douche dorée est une pratique qui va souvent avec le BDSM, mais pas exclusivement, elle n'est pas davantage un monopole du monde libertin, quelques couples non libertins s'y livrant également. Elle comporte des formes « soft » qui s'arrêtent à uriner sur le corps de son ou sa partenaire, d'autres plus hard où il s'agit de le faire sur les orifices ouverts après un rapport (vagin ou anus) et le summum où c'est carrément sur le visage et dans la bouche, la personne receveuse pouvant recracher ou tout avaler, parfois après avoir joué à se gargariser bruyamment. Quelle que soit celle des variantes retenue, le consentement est plus que pour tout autre pratique indispensable et les protagonistes s'en assurent à deux fois. Il y a autant de femmes que d'hommes adeptes de ce genre de pratiques, certaines personnes étant donatrices exclusives ou au contraire receveuses exclusives, les autres appréciant autant les deux rôles. Cette pratique très minoritaire est rarissime en club, où elle se cache toujours dans la douche. Un petit peu plus fréquente en soirée privée, elle reste néanmoins entourée d'une sorte de pudeur qui fait qu'elle ne se produit qu'une fois la soirée bien avancée : pour envisager de s'y livrer, les protagonistes doivent, non seulement être excités, mais surtout avoir fait vraiment connaissance, ce qui prouve s'il en était besoin que cette pratique est beaucoup plus impliquante que toutes celles que j'ai décrites jusqu'à maintenant. C'est toujours la personne receveuse qui en exprime le désir puis après s'être assuré de l'intérêt d'un ou d'une partenaire en formule la demande. Je n'ai jamais vu l'inverse, ce serait quand même délicat. Les protagonistes s'isolent systématiquement, dans la salle de bains, pas seulement pour des raisons de propreté, n'acceptant au plus qu'un ou deux spectateurs ou spectatrices. Cette pudeur fait même parfois que la personne donneuse n'y arrive pas, surtout dans le cas où il y en a plusieurs ensemble pour ce que l'on désigne alors du nippono-anglicisme piss bukkake. La poignée de fois où j'en ai été témoin, il n'y eut jamais plus de trois personnes donatrices, deux dans tous les autres cas et le résultat ne fut pas très concluant pour cause de blocage psychologique. J'ai toujours été surpris malgré moi du caractère absolument « normal » des personnes qui s'y adonnaient, loin du profil déjanté que l'on serait enclin à imaginer pour ce genre de pratiques. Le cerveau sexuel de l'être humain recèle des recoins bien étranges… Mais que tous celles et ceux qui ont de bonnes raisons pour être révulsés par cette pratique se rassurent et ne se sentent pas dissuadés de libertiner si le cœur leur en dit : l'urolagnie est très minoritaire et plus discrète encore. Il n'y a donc aucun risque d'y être confronté à moins de le vouloir.

De l'exhibitionnisme

Il n'est pas question ici du délit qui consiste à imposer de façon délibérée et souvent agressive une exhibition sexuelle à autrui dans l'espace public, ce délit étant d'ailleurs le plus souvent le fait des hommes. Provocation ou pathologie, cela n'a rien à voir avec le libertinage. Dans le cadre libertin, l'exhibitionnisme est pratiqué dans des espaces clos que sont les clubs ou les domiciles privés théâtres de soirées, à la seule vue de personnes averties et consentantes et évidemment en aucun cas d'enfants. La plupart du temps le fait des femmes, cet exhibitionnisme est toujours convivial, jamais agressif, le spectacle n'étant jamais imposé et n'ayant pas pour objectif de choquer et d'outrager la pudeur, mais au contraire d'éveiller les sens pour le plaisir de tous. L'exhibitionnisme contemporain n'est pas non plus le sujet, qu'il soit sexuel ou non. Symptomatique de l'évolution des sociétés et favorisé par le développement d'internet, il pousse celles et ceux qui en sont atteints à étaler leur intimité face au monde entier dans l'impudeur et souvent la vulgarité les plus totales, sans en mesurer les potentielles conséquences qui peuvent être dramatiques. Qu'une personne choisisse de devenir acteur/actrice pornographique professionnel temporairement ou durablement pour gagner sa vie et même aussi dans une forme de quête personnelle, pourquoi pas, il n'y a rien à redire à cela. Par contre, il est plus difficile de comprendre ce qui peut traverser l'esprit de personnes qui livrent leur intimité et celle de leur couple en pâture, tournent un porno quasi gratuitement, souvent bas de gamme, sans anticiper les conséquences sur leur vie et celle de leur entourage, oubliant qu'internet couvre la planète entière et surtout n'oublie rien. L'exhibition libertine comme le libertinage en général ne transgresse pas l'intimité car elle n'est pas publique, mais réservée à une assistance délimitée.

J'aborderai ici l'exhibitionnisme par excellence, celui des femmes qui prennent du plaisir à se donner en spectacle, c'est-à-dire se montrer nues en prenant des poses lascives et suggestives voire en pleine action à une assistance nombreuse mais circonscrite, d'être vues y compris par des personnes qu'elles ne voient pas, ce qui constitue le propre d'un spectacle. Apprécier d'être observé en train de faire l'amour par un petit nombre de personnes à proximité concerne autant les hommes que les femmes, mais ne constitue qu'une forme basique, élémentaire d'exhibitionnisme, raison pour laquelle je ne m'y attarderai pas. Pourquoi l'exhibitionnisme, le vrai, est-il presque exclusivement l'apanage des femmes ? Je ne suis pas éthologiste, mais peut-être cela remonte-t-il à très loin, il suffit d'observer les animaux ou du moins les plus proches de nous, les autres mammifères. Même si le mâle et la femelle ont chacun leur rôle dans la parade nuptiale, force est de constater que c'est la femelle qui fait la majeure partie du spectacle pour attirer le(s) mâle(s), ceux-là se contentant éventuellement de se battre en eux pour obtenir les faveurs de la belle, ce qui n'a heureusement plus cours chez les humains, encore que des rixes éclatent régulièrement dans les boîtes de nuit conventionnelles et qu'on en trouve aussi des représentations symboliques et ritualisées, beaucoup plus plaisantes, comme dans le Tour de France où les forçats de la route souffrent sang et eau pour recevoir les bises et le bouquet de fleurs des deux charmantes hôtesses. Encore une digression, je suis incorrigible décidément !

Comme je l'ai déjà évoqué, il est manifeste que la femme a le privilège de la beauté et de la grâce, ce qui lui confère son pouvoir de séduction mais aussi son attrait purement esthétique. Même le plus beau des chippendales à la plastique impeccable n'aura jamais la grâce d'une femme. C'est la raison pour laquelle non seulement les hommes, mais aussi les femmes même 100% hétérosexuelles s'intéressent au spectacle d'une belle femme. Dans le milieu libertin, les femmes qui s'adonnent à l'exhibition le font pour leur plaisir, c'est aussi souvent un prélude et un catalyseur pour allumer l'étincelle et lancer une soirée. La danse est idéale pour l'exhibition, elle sublime la grâce de la femme, en tenue sexy – les robes courtes et moulantes remontent facilement – seins nus voire entièrement nue. La plus belle exhibition reste le strip-tease, improvisé ou organisé. J'ai quelques beaux souvenirs de concours de strip-tease qui furent des moments de convivialité bon enfant très érotiques et amusants à la fois. L'un d'eux suscita sans peine une bonne dizaine de candidatures, sans que la parure sexy promise en prix à la gagnante n'ait beaucoup pesé dans la décision des candidates de se jeter à l'eau. A peine quelques-unes eurent besoin d'être poussées par les copines, plus pour la forme qu'autre chose. Il y eut tous les physiques, la danseuse sportive, la longiligne, une petite boulotte qui s'en tira fort bien et tous les âges, notamment une superbe quinqua qui se déclara ainsi : « Je vais leur montrer, moi, à ces jeunettes ! » L'ambiance montait, chaque danseuse faisait exploser l'applaudimètre au premier vêtement effeuillé puis à la chute finale du string, l'une d'entre elle provoquant même un grand éclat de rire quand elle enleva lentement ses lunettes en ondulant lascivement du bassin. J'applaudis à tout rompre notre belle quinqua qui nous gratifia d'une magnifique danse pour nous découvrir un corps impeccable au galbe soigneusement entretenu. A son style, on pouvait sans peine situer sa jeunesse à l'époque disco, dans ces belles années d'insouciance que furent les '70s. Je fus déçu à la proclamation de la victoire d'une autre, quoique très bonne danseuse elle aussi, à la beauté sensuelle et piquante. Sans en attendre rien, je vins faire part à la belle quinqua de ma déception, la complimenter et lui dire qu'elle méritait de gagner :

- Oh, merci ! Vous êtes mignon !
- Non Madame, seulement sincère.
Elle sourit et me considéra quelques instants :
- Vous voulez bien être mon lot de consolation ?

Puis se tournant vers son mari pour la forme : « Chéri, tu permets ? » Il acquiesça en souriant.

Aussi sensuelle et tonique que dans la danse... Si vous me lisez, Madame, acceptez, je vous prie, mes salutations et mon souvenir ému.

Pour ne pas conclure

Chère lectrice, cher lecteur, j'espère que ce petit voyage dans ces contrées dionysiaques vous a plu et que l'aperçu que j'ai tenté d'en donner à travers ma petite expérience personnelle vous aura non seulement divertis, mais aussi satisfait votre curiosité, répondu à toutes vos interrogations et même au-delà.

J'espère surtout avoir dédramatisé cette sexualité aux yeux du grand public, qui pour hors norme qu'elle soit, n'a rien d'une perversion et n'est pas si terrifiante que cela, puisqu'il s'agit avant tout d'un Jeu. D'un jeu sérieux, d'un jeu pour adultes qui savent ce qu'ils font et ne sombrent pas dans la fusion-confusion avec les autres. Nous sommes des gens normaux, c'est juste notre sexualité qui n'est pas ordinaire.

C'est à vous maintenant de vous faire votre idée et pour celles et eux d'entre vous qui auraient entrepris cette lecture pour se documenter avant de prendre la décision, de vous jeter à l'eau ou pas. Si vous décidez de sauter le pas, ce sera en pleine connaissance de cause, en mettant toutes les chances de succès de votre côté, forts des petits conseils semés ici et là que vous aurez glanés. Si par contre cela vous conforte dans l'idée que cela n'est pas pour vous, n'en faites aucun complexe. L'essentiel pour la réussite d'une vie est d'être heureux et de rendre heureux, pas de cocher des cases et encore moins d'appartenir à une hypothétique élite du sexe. Elle se mesure à l'aune du bonheur que l'on donne, pas de quoi que ce soit d'autre.

Quant à nous, je pense que nous avons fait et continuons à faire beaucoup plus de bien que de mal, à nous-mêmes comme aux autres.

Paris, décembre 2015

Glossaire

BDSM : *Bondage − Domination (ou Discipline selon d'autres versions) − Sadomasochisme* : Ensemble des pratiques de la galaxie SM, dites aussi D/S (Domination/Soumission). Le bondage est un terme anglais signifiant servitude mais aussi le fait d'attacher avec des liens et les techniques s'y rapportant. Un véritable art qui a ses maîtres, notamment au Japon où la tradition est manifestement ancienne. Va jusqu'au saucissonnage complet et suspensions plus créatives les unes que les autres, mais à laisser à ces maîtres, le danger et le risque d'accident étant important en cas de non-maîtrise. Libertinage et BDSM ne se recoupent que partiellement, les libertins n'étant pas forcément adeptes de BDSM et inversement.

Bulles : désigne le champagne, boisson reine des soirées échangistes, Parfois utilisée de façon ludique, en le versant sur le corps des dames pour tout lécher jusqu'à la dernière goutte, ou en pipe au champagne, ça ne pique pas trop (préférer alors les coupes aux flutes), ou encore, plus rare mais très jouissif et spectaculaire, le geyser : secouer la bouteille puis appliquer le goulot à l'entrée de la chatte de la dame suspendue tête en bas ou dans un sling ; il faut une volontaire, un lieu qui s'y prête et un peu de matériel.

Boisson indispensable selon beaucoup à la réussite d'une soirée. A tel point que ceux qui ne boivent pas d'alcool privilégient l'eau pétillante.

Candaulisme : fantasme et pratique de couple très répandue, Madame baisant avec un ou plusieurs autres hommes sous le regard enamouré de son conjoint qui ne participe pas, les deux trouvant ainsi leur plaisir. Ou encore en son absence, lui racontant tout dans les moindres détails après. L'homme est désigné comme candauliste. Dans la majorité des cas, il reste toujours habillé et ne touche jamais une autre femme. Cette pratique nécessite un accord parfait entre les deux membres du couple. Le terme anglo-saxon cuckolding (cocufiage) ne rend compte que d'une facette particulière de la chose.

Club échangiste : établissement consistant en un bar discothèque complété par des salons permettant à sa clientèle se s'adonner aux plaisirs libertins, parfois d'un restaurant permettant un démarrage en douceur. Un fumoir bien isolé est prévu pour les accros à l'herbe à Nicot ou à la vapoteuse. Tous les clubs disposent d'une ou plusieurs salles de bains équipées de lavabos, douches et bidets, ces derniers donnant une agréable petite touche rétro. Il y a tous les styles, de la demeure historique aménagée que ce soit en ville ou à la campagne —ceux-là ont le plus de cachet – à l'espèce de hangar avec cloisons en carton-pâte, impersonnel et nettement moins engageant. Ils sont souvent tenus en couple, la présence féminine contribuant à rassurer. Les maîtres des lieux sont souvent des libertins et libertines, qui y impriment leur patte, mais pas forcément. Quoi qu'il en soit, dans l'exercice de leurs fonctions, ils doivent s'abstenir de consommer ; on ne peut pas être restaurateur et manger en même temps, encore qu'il arrive parfois très exceptionnellement en fin de soirée… En plus des clubs échangistes généralistes, il s'en trouve quelques-uns dédiés à des sexualités particulières, comme le BDSM. Dit aussi club libertin, boîte échangiste ou plus trivialement, boîte à partouzes ou boîte à culs.

Coins câlins : dits aussi alcôves ou salons, éviter le terme anglais back rooms à la connotation beaucoup trop trash. Dans les clubs échangistes, espaces nettement séparés du bar et de la piste de danse, aux lumières tamisées, pourvus de lits destinés aux ébats collectifs. Hygiène et prévention obligent, des préservatifs sont en libre-service à l'entrée et à quelques points stratégiques, ainsi que des lingettes et des mouchoirs qui doivent après usage impérativement terminer dans les discrètes mais nombreuses corbeilles mises à disposition. Pour des raisons de sécurité, y emmener son verre est interdit.

L'expression coins câlins ou salons est toujours employée au pluriel, car dans les clubs bien aménagés, il y a plusieurs sortes de coins câlins pour satisfaire toutes les envies : très grandes banquettes en espace ouvert pour les grandes orgies, lits de taille plus raisonnable avec rideaux, lits dans des espaces semi fermés pour des parties à quatre maximum, cage permettant juste de passer les mains et les yeux, chambre fermant à clé pour les timides ou ceux qui veulent être tranquilles même à quatre, mais le plus souvent équipée d'une glace sans tain. La porte verrouillée signifie ne pas déranger, la porte fermée mais non verrouillée signifie ouverture et invitation possibles, mais pas entrée libre. Le risque dans certains clubs, notamment en province, est quand il y en a trop et que certains couples en abusent. La plupart des clubs disposent d'un coin SM avec croix de Saint André.

Pour éviter de choisir entre les inconvénients des soirées couple et des soirées trios (voir plus loin), quelques clubs aménagent des espaces séparés, les uns réservés aux couples et femmes seules, interdits aux hommes seuls, les autres autorisés aux hommes seuls. Les couples et femmes seules peuvent circuler librement de l'un à l'autre, ce qui offre la très agréable possibilité au cours d'une même soirée de changer d'ambiance à volonté, pour les couples et les femmes seulement.

Coquiner : faire l'amour avec d'autres personnes. S'emploie surtout entre deux couples (vieilli).

Côte-à-côtisme, mélangisme : avatars aseptisés de la sexualité de groupe, apparus lors de l'épidémie de SIDA et aussi sous l'influence d'un certain intellectualisme. L'un comme l'autre sans échange de partenaire ni mêlée entre les couples, le mélangisme permet au moins les caresses hors couple, tandis qu'aucun contact n'est licite pour le côte-à-côtisme, où les deux couples se contentent de faire l'amour côte à côte. De la partouze bio, light et sans gluten, en quelque sorte.

Donjon : demeure ou local aménagé spécialement pour les plaisirs BDSM. Aux lisières de notre sujet.

DP : double pénétration. Classiquement, pénétration simultanée de l'anus et du vagin de la dame par deux amants. Deux variantes : l'une soft, la double vaginale ; l'autre hard, la double anale.

Echangisme : au sens strict et originel, pratique dans laquelle deux couples s'échangent les partenaires pour un rapport complet. C'est l'adultère sous contrôle, ritualisé. Au sens large, sexualité de groupe, quelles qu'en soient les modalités.

Glory holes : trous d'une dizaine de centimètres de diamètre dans une fausse cloison, permettant selon le point de vue : à un homme de se faire sucer par une femme sans la voir ni en être vu, ou à une femme de sucer un homme sans le voir ni en être vue. Une variété particulière mais rarissime est d'un diamètre plus important, ce qui permet à une femme d'y passer le buste jusqu'à la taille pour ce que vous devinez. Tous très peu utilisés dans les faits.

Horizontal : allez voir à Vertical.

Jouer : s'adonner aux plaisirs de la sexualité de groupe.

Passer un moment avec quelqu'un : faire l'amour avec une personne dans un contexte libertin. Employé notamment quand c'est à deux (oui, c'est possible !).

Pluralité : sous-entendu pluralité masculine. Fantasme et sa réalisation consistant pour une dame à disposer de plusieurs partenaires masculins. Soirée où l'on s'adonne à ce genre de plaisirs.

Pole : dans la partie discothèque des clubs libertins, barre verticale allant du sol au plafond, en général sur un piédestal, permettant aux plus hardies de ces dames des danses et exhibitions suggestives. La pole dance, danse normalement réservée aux strip-teaseuses de cabaret, permet à toute une chacune de changer de peau l'espace d'un moment.

Sauna : établissement de bains libertin. On y circule nu(e) avec une serviette autour de la taille. Pourvu de saunas, hammams, jacuzzi, pour l'approche ; de grands lits et banquettes pour la conclusion. Pour un libertinage en milieu humide.

Soirée couples : soirée au cours de laquelle seuls les couples sont admis, à la rigueur les femmes seules, mais en aucun cas les hommes seuls. Souvent ennuyeux de nos jours, du libertinage soft à la limite de l'aseptisé.

Soirée mixte : le terme peut prêter à confusion, car en bonne logique, une soirée qui ne serait pas mixte serait une soirée où il n'y aurait que des hommes ou que des femmes… Mais rassurez-vous : soirée mixte est tout simplement synonyme de soirée trio.

Soirée trio : soirée au cours de laquelle les couples et les hommes seuls sont admis, un homme pour un couple, soit deux hommes pour une femme en théorie, mais souvent beaucoup plus, sans toutefois dépasser les limites du raisonnable… Sorte d'euphémisme pour soirée pluralité. En général, les gens qui viennent à ces soirées savent pourquoi.

Vertical : allez voir à Horizontal.

ISBN : 978-2-9557047-1-4
Dépôt légal : juin 2016

www.ingramcontent.com/pod-product-compliance
Lightning Source LLC
Chambersburg PA
CBHW050126280326
41933CB00010B/1262